日本の遺跡21

昼飯大塚古墳

中井正幸 著

同成社

昼飯大塚古墳遠景　1997年発掘調査時

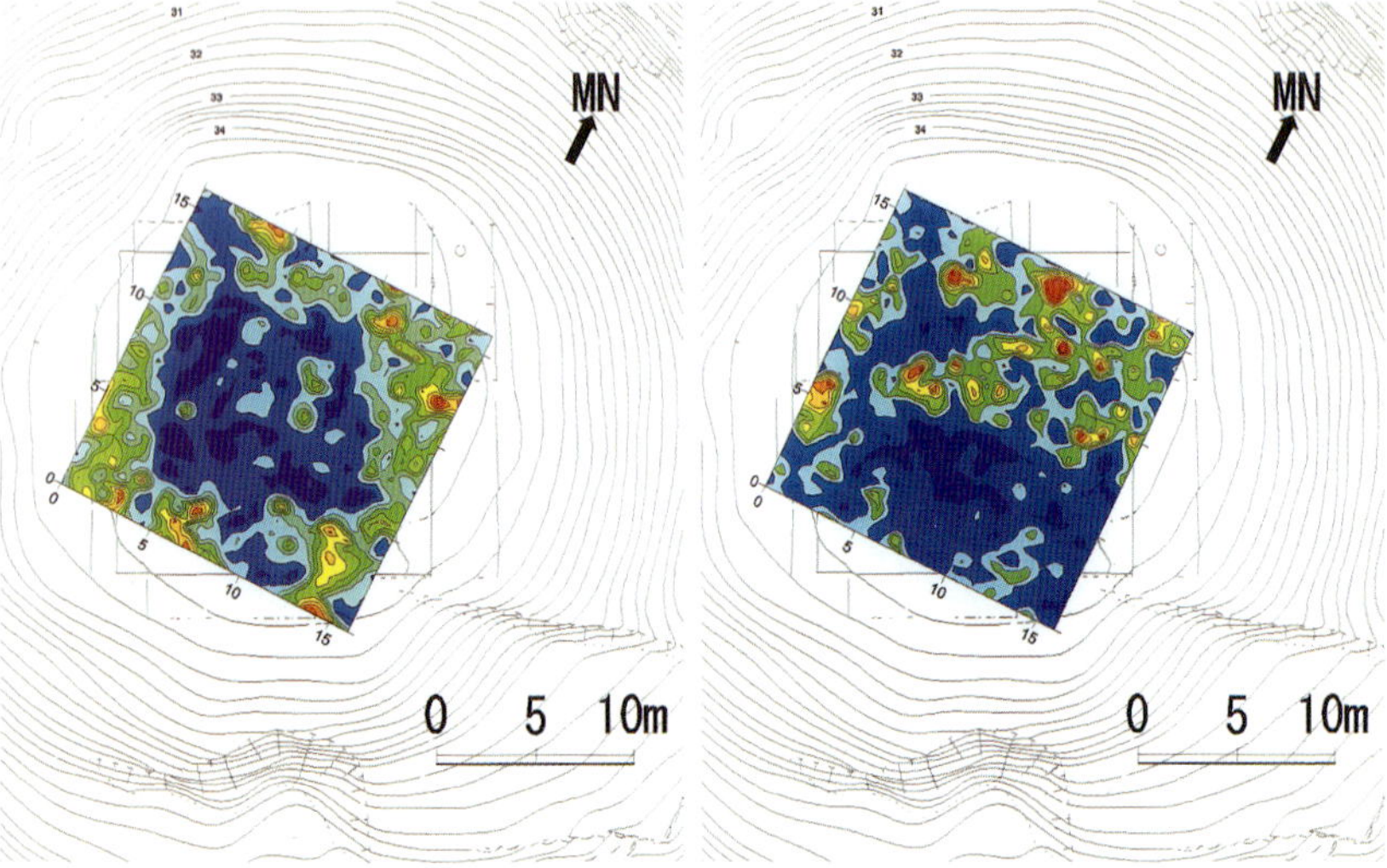

パルスレーダによる後円部頂の平面図　色の変化から遺構の範囲を推定できる

竪穴式石室　盗掘されていた第１の埋葬施設

明らかにされる後円部頂の内部構造

鉄製品群出土状況。石室と粘土槨に直交する方向で発見された。その後、鉄製品群と並行する第3の埋葬施設を確認している。

粘土槨　石室の隣に構築された第2の埋葬施設

出土した埴輪

前方部頂から後円
部頂に向かうスロ
ープ部の埴輪列

目　次

カバー写真　上空から見た昼飯大塚古墳
装丁　吉永聖児

昼飯大塚古墳

はじめに——竹藪のなかの古墳

　住宅地のなかにうっそうと茂る竹藪は、森とも古墳とも見分けがつかないほど大きな木とともに風になびいていた。竹藪のなかに入ると藪蚊に襲われ、瞬くまにあちこち刺された。ここではかつて竹の子を育てて出荷していたともいい、近くには土瓶や瓦を焼いていた窯もあったという。発掘調査が始まる直前まで、瓦工場がすぐ東側にあって煙りを出していた。こんな風景はこの一〇数年で大きく変わった。

　竹藪で覆われた森の茂みは、岐阜県でもっとも大きな古墳として知られる昼飯大塚古墳である。古墳そのものは、つくられた時代からのちに人びとがそこに生活するために削ったり、あるいは竹の子を栽培したりして変貌をきわめた。そしてその竹がやがて古墳全域を覆うようになってしまったのである。

　この岐阜県で最大の古墳を、現状から脱してどうにかして国史跡とし、竹林からの影響を除去して将来的に保護していくことができないか、そんな思いから事業が始まった。一九九三年の夏であった。そして現在も整備に向かって発掘調査が進められている。

　本書ではこの昼飯大塚古墳をどのように調査し、古墳の性格を明らかにしていったのか、その軌跡を追いながら発掘調査で浮かび上がった成果を紹介しつつ、現代社会と遺跡の関係についても考えてみたい。

　現在各地で遺跡を保護し、その整備を通して多くの人びとに利用してもらう動きが加速している。その動きに乗ってすでに整備が完了している史跡も多い。しかし今後、行政が地域の遺跡を保

図１　かつての昼飯大塚古墳の風景

護していく過程で、どのような方法で地域に活かす整備ができるのか、幅広い視野とさまざまな視点が求められている。

　こうしたなか、これから遺跡を保護していく方々や史跡を整備していこうとする担当者の方々に少しでも参考になればという思いで筆を走らせたところもある。とにかく遺跡を調査し、その価値を最大限に引き出す責任と醍醐味は考古学を専攻とする調査担当者のものである。その意味を噛みしめながら頁を進めていきたい。

　さて、本書を読んでいただく前に、ここで用語について簡単に触れておきたい。

　「古墳」はそれをどのように定義するかによって、「古墳時代」の考え方も変わってくる。本書では列島社会における歴史を通説できる時代区分にしたいと考え、奈良県箸墓古墳の築造以降を「古墳時代」とし、この時代の墳墓を古墳として

図2　1980年頃の昼飯大塚古墳
墳丘全体を竹林が覆うのがわかる。右が後円部。右上の道路が「中山道」で、両脇には住宅が建ち並ぶ。周辺は区画整理が行われている。

扱っている。また、本書で扱う時期に限り、古墳を「首長墓」と表記する場合、それは古墳の被葬者が地域社会の統率者であることを前提に、小規模な集落をまとめるものを小首長、古墳では直径二〇メートルを基準にして中・小首長の区別をする。さらに複数の集落をとりまとめ、のちの律令期の郡の三分の一から二分の一程度の範囲を統率する首長を「地域首長」、この上位にたつ郡レベルの首長を「盟主的首長」と記す。

また首長墓が一定の地域内に複数築造されている場合には、それらが順に築造されたものとみなし、「首長墓系譜」という用語を用いたい。

なお、昼飯大塚古墳にかぎり、墳丘周囲の「しゅうごう」を調査報告書にもとづき「周壕」と表記し、その他の古墳には「周濠」と区別している。

本書の内容は二〇〇三年に刊行した調査報告書

をベースとしているが、その後の調査や研究などによる新たな知見を踏まえて記述しているところもあるのでご了解いただきたい。

また、昼飯大塚古墳の調査については、調査にかかわった学生らがその後の整理作業や報告書の編集作業に積極的に取り組んだため、本書ではそのことの意味を生かしながら、できるだけ当時の氏名を登場させて執筆している。登場人物の所属などは調査当時のままになっていることをお断りしておきたい。

I　昼飯大塚古墳と不破の古墳

1　昼飯大塚古墳周辺の地形環境

地形環境と遺跡の動静

大垣市の北西部にある標高二二一メートルの金生山《きんしょうざん》に登ってみると、大垣城がある市街地はもちろん西には三重県に通じる養老山脈が、東には岐阜城のある金華山《きんかざん》が、そして南には名古屋駅のツインタワービルまでもが眺望でき、雄大な平野を眼下に見下ろすことができる（図3）。

この広大な平野は、揖斐川や中小の河川が長い時間をかけて形成してきた美濃平野の西部にあたる。眼下の杭瀬《くいせ》川、そして中小の河川が合流する揖斐川を下れば、それは桑名や熱田のある伊勢湾に通じるのである。

この南北の河川に対して、現代は東西に走る新幹線や名神高速道路など主要な交通路がこの大垣市を通過する。古代律令期にはここに東山道の宿場が置かれ、近世には中山道や大垣城下町を通る美濃路が整備され陸路が発達した。それはとりもなおさず「大垣」という地域が、畿内と東国を結ぶ結節点として重要な地であったからである。

図3　金生山から眺める大垣

このように河川と陸路が交差する地域では、早くから人びとが集住し生活を営んだ。たとえば、昼飯大塚古墳が立地する牧野台地には、弥生時代から中世にいたるまでの集落や墓域がみつかっている。一本松《いっぽんまつ》遺跡や牧野《まきの》遺跡、東町田《ひがしちょうだ》遺跡などはその代表例である。

一本松遺跡では弥生時代中期の方形周溝墓群が確認され、なかには一辺一五メートルほどの大型墓も営まれた。東町田遺跡は台地西縁辺部に立地し、同じく弥生時代中期には環濠集落を形成した拠点集落である。そして弥生時代後期から古墳時代初期には前方後方形の墳墓も形成された。これは前方後円墳がこの地に波及する直前の伝統的な墓制の名残りと思われるが、昼飯大塚古墳が築造される頃の様相はいまひとつよくわかっていないというのが実状である。

一方、こうした台地に対して沖積平野では、河川による土砂の堆積によって、集落などは埋もれてしまい詳しいことがわかっていなかった。また、このあたりは近世以降「輪中《わじゅう》」とよばれる治水景観を残しており、とても湿地帯では生活はできないという先入観があった。

しかし、一九九二年以降の開発にともなって実施してきた試掘調査や発掘調査によって、少しずつ沖積地での人びとの生活の様子が明らかになってきた。ソフトピアジャパン、武道館そして大垣環状線や市道高屋桧線などの建設に先立って実施した調査では、予想もしていなかった弥生時代の遺跡を発見できたのである。これらはそれぞれ今《いま》宿《じゅく》遺跡、米野《このめ》遺跡、荒尾南《あらおみなみ》遺跡・桧《ひのき》遺跡とよばれ、桧遺跡では古代から中世にかけての遺構もみつかり、考古学的な情報の少なかった時代にも光をあてることができた。

このように沖積地においては、これまで考えもしなかったところにも遺跡が埋もれていることが明らかとなり、あらためて先入観の払拭と文献史料以外にも目を向ける必要性を痛感している。

また、地理学的な観点からは、こうした遺跡の確認によって過去の生活面がかならずしも現在と一致しないことが認識でき、現在の地形が古くからそのままにあるのではなく、河川の氾濫による土砂の堆積によって大きく変貌していることがわかった。したがって、古墳の出現を考えるときにも、さらに造墓活動やその背景を考える上でも、三～四世紀にさかのぼる地形環境の復原は重要な意味をもつのである。

立地と古墳領域

ところで、古墳がどのような場所を選んでつくられたのかを考えることは、古墳の意味や被葬者の問題を考える上でもとても重要である。昼飯大塚古墳が築かれた場所は現在平坦にみえるが、それは水田や畑の

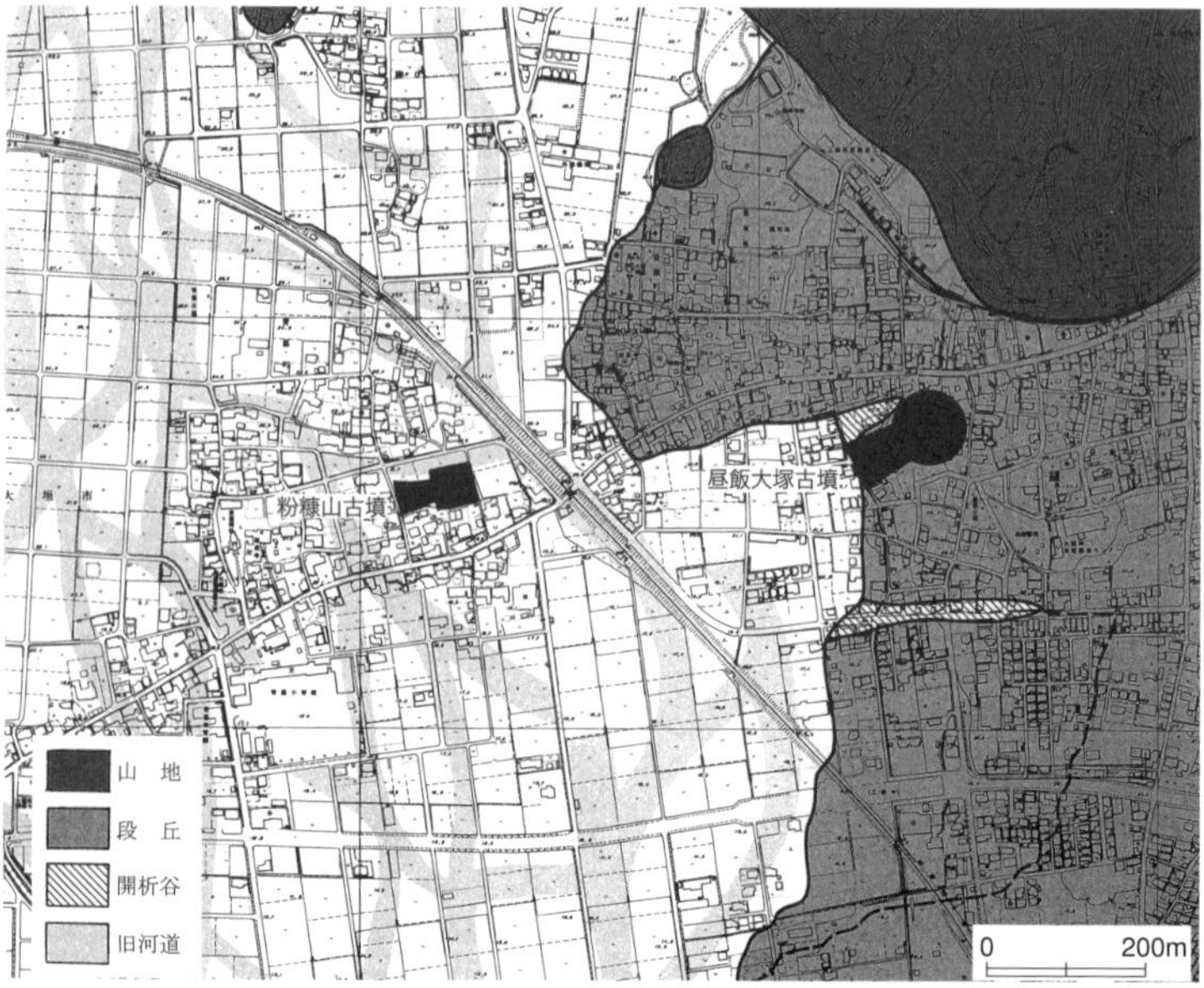

図4　昼飯大塚古墳と周辺の地形

部分に盛土され、周囲が宅地化されたからで、築造当時の景観を残しているわけではない。

明治の字絵図や昭和二〇年代の航空写真、さらに土地利用図などをみると、古墳は金生山から派生する牧野台地の西縁に立地していることがわかるし（図4）、古墳の北側は開析谷《かいせきこく》を読みとることができる。現在からは想像しにくいが、周囲に家など何もなかったときは、遠くから古墳を見通すことができたと思われる。

現在でも後円部の頂上に立つと、三六〇度パノラマの世界が飛び込んでくる。三重桑名方面や岐阜金華山方面、不破《ふわ》一帯を一望できるこの古墳は、おそらく古墳時代の当域において最も高い造形物であったに違いない。

ところで、「古墳が築かれる領域」と想定するエリア、すなわち古墳に埋葬された人物の生前の統治範囲がどれくらいであったのかを推測するこ

図５　1990年頃の粉糠山古墳

とはむずかしい。しかし、古墳の上に立って周囲を眺めてみると、そこから見渡せる範囲は古墳の被葬者の影響力が及んでいた領域なのだと示唆するかのようだ。おそらく当時葬送儀礼に参加した有力者らもこうした眺望から、生前の被葬者の実力を感じとったに違いない。

昼飯と青墓

昼飯大塚古墳の所在地は、大垣市昼飯町字大塚である。この地はかつて不破郡赤坂町字大塚にあたり、それ以前は昼飯村、青墓《あおはか》村、青野村、榎戸《よのきど》村、矢道《やみち》村をあわせて不破郡青墓村とよばれていた。

「昼飯《ひるい》」という地名の由来はいまひとつ定かではないが、その昔中山道を歩いて信州善光寺参りに行く僧侶が、途中ひるめしを食べたところから「昼飯」とよばれるようになったとされる。青墓村から昼飯町になったのは一九五三年頃である。

さて、ここで注目すべきは「青墓」という地名である。地名に「墓」という言葉が使われること自身全国的にみてもめずらしいが、ちなみに発音は「おおはか」という。その語句からしておそらく古くから古墳などの塚が多数あったことに由来するものだと思われる。

その青墓町には昼飯大塚古墳に匹敵するほどの規模の粉糠山《こぬかやま》古墳が築かれている（図5）。青墓には東山道に沿って「青墓宿」が置かれ、粉糠山古墳の名称もその宿場にいた遊女が捨てた白粉が由来となっている。

この古墳は一九八六年の範囲確認調査により、それまで前方後円墳とされていた墳形が「前方後方形」とわかり、墳丘は二段築成と推定、葺石と埴輪が確認された。この前方後方墳は浅い谷を挟んで昼飯大塚古墳と対峙しており、二つの古墳の造墓基盤は異なっていたと考えている。

昼飯大塚古墳は岐阜県で最大の前方後円墳で、東海地方最大級である。一方、近接する墳丘長約一〇〇《メートル》の粉糠山古墳は、前方後方墳では東海地方最大、全国でも十指に入る規模である。二つの土地にゆかりのある古墳が墳形を異にしつつも、屈指の規模で築かれていることは興味深い。

2　不破の古墳

さて、昼飯大塚古墳が築かれた古墳時代、この地ではとりわけ前期から中期にかけて、多くの古墳が築かれた（図6）。なかでも墳丘長八〇《メートル》を超えるものが、不破地域では親ヶ谷《おやがたに》古墳、矢道長塚古墳、粉糠山古墳、遊塚《あそびつか》古墳と昼飯大塚古墳を含め五基も存在する。

これらのなかには早くに盗掘されたり、消失する間際に副葬品が出土して内容が知られているものが多い。このうち昼飯大塚古墳の出現を考える

図6　昼飯大塚古墳周辺の古墳

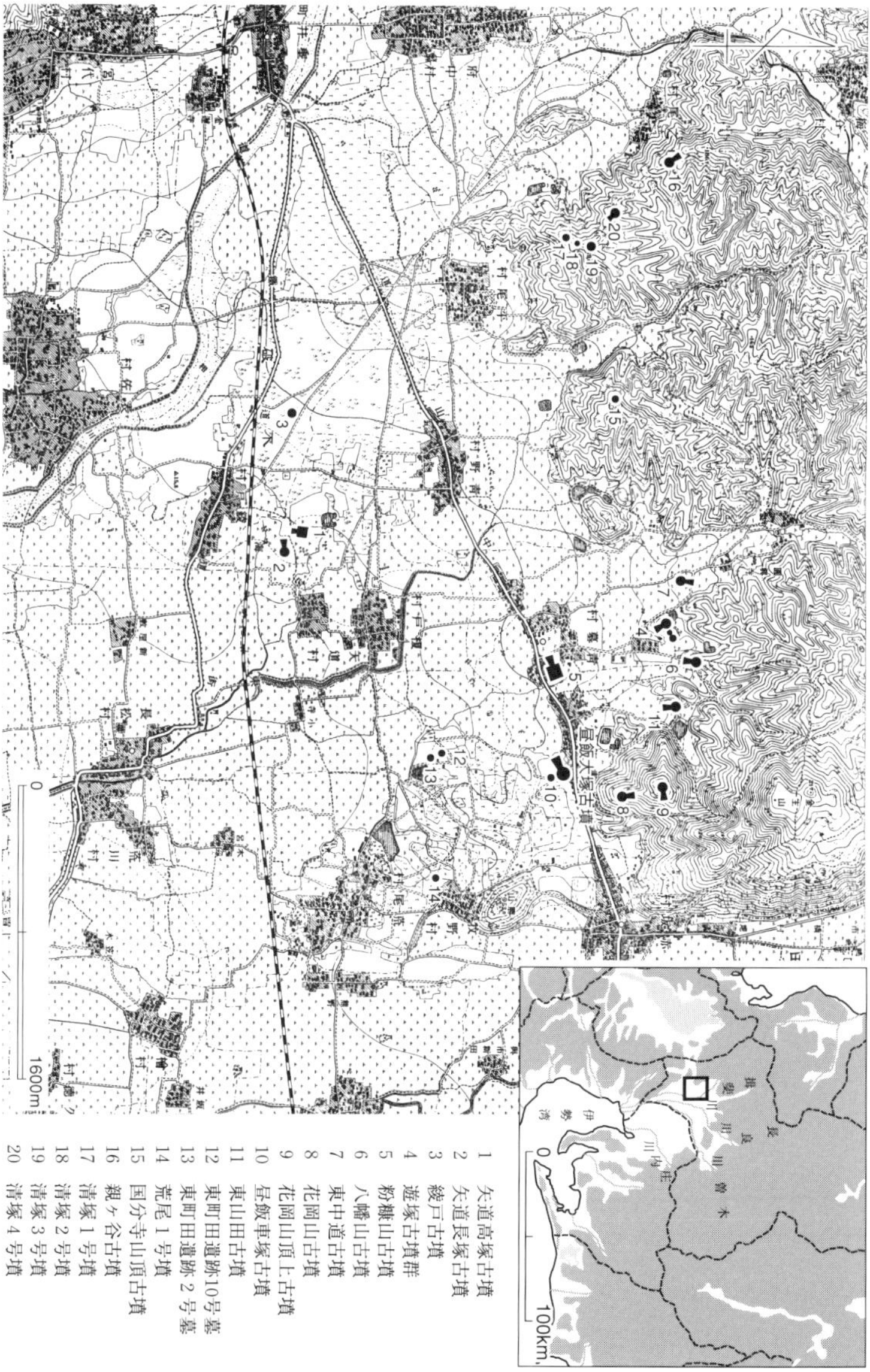

1　矢道高塚古墳
2　矢道長塚古墳
3　綾戸古墳
4　遊塚古墳群
5　粉糠山古墳
6　八幡山古墳
7　東中道古墳
8　花岡山古墳
9　花岡山頂上古墳
10　昼飯車塚古墳
11　東山田古墳
12　東町田遺跡10号墓
13　東町田遺跡2号墓
14　荒尾1号墳
15　国分寺山頂古墳
16　親ヶ谷古墳
17　清塚1号墳
18　清塚2号墳
19　清塚3号墳
20　清塚4号墳

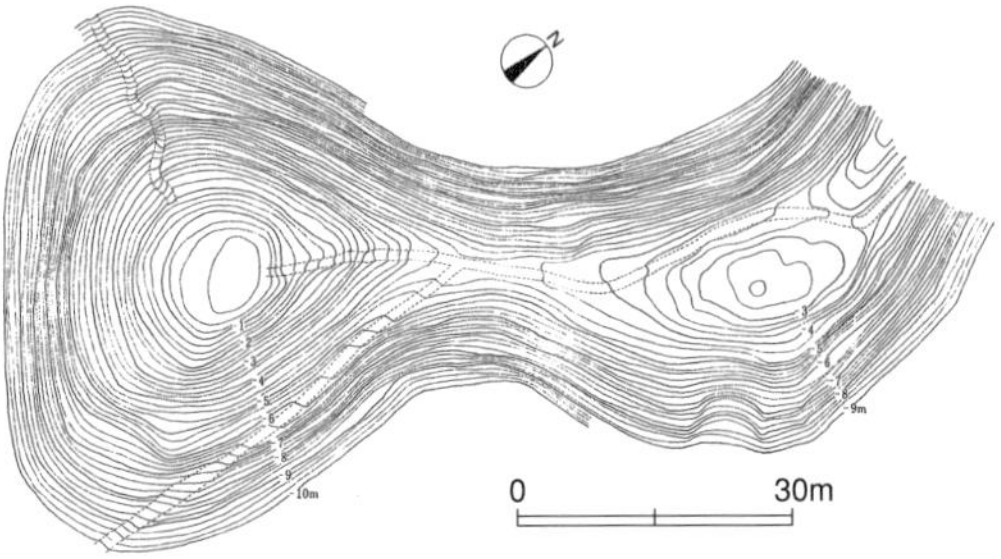

図7　親ヶ谷古墳墳丘測量図

上で重要な古墳を取り上げて紹介しよう。

親ヶ谷古墳

関ヶ原方面を一望できる標高一八五メートルの山頂に築かれた古墳である。山麓から登ってみると、古墳はやや不整形な形をした墳丘とわかる。『岐阜県史』の編纂にあわせ一九七〇年に測量され、このときには直径一〇メートルの円墳とされたが、その後の再測量調査の結果、細い尾根を利用した墳丘長八五メートル以上の前方後円墳である可能性が出てきた（図7）。

じつはこの古墳、その存在が知られるようになったのは明治年間にさかのぼる。このとき古墳が盗掘され、腕輪形石製品や容器形石製品など多数の副葬品が出土した。副葬品は現在東京国立博物館に保管されている。この他にも銅鏡一四面が出土したとも伝えられるが、その行方は不明である。昭和初期に藤井治左衛門が再調査したときには、内行花文鏡片が出土したという。いずれにしても稀にみる多数の銅鏡を保有した前期古墳といえる。

石製品には、合子二個、四脚付盤一個、壺三個、高坏一個、鍬形石一個、車輪石四個、管玉八個、棗玉四個がある。このうち坩形石製品とされる壺二個と棗玉は滑石製である（図8）。

このような副葬品の出土状態を伝える記録はないものの、長さ三メートル、幅一メートルの埋葬施設の北端三〇センチほどの範囲から出土したといわれていることから、木箱のようなものに収められていた可能性がある。

図8　親ヶ谷古墳出土の副葬品（東海古墳文化研究会1988）　＊は滑石

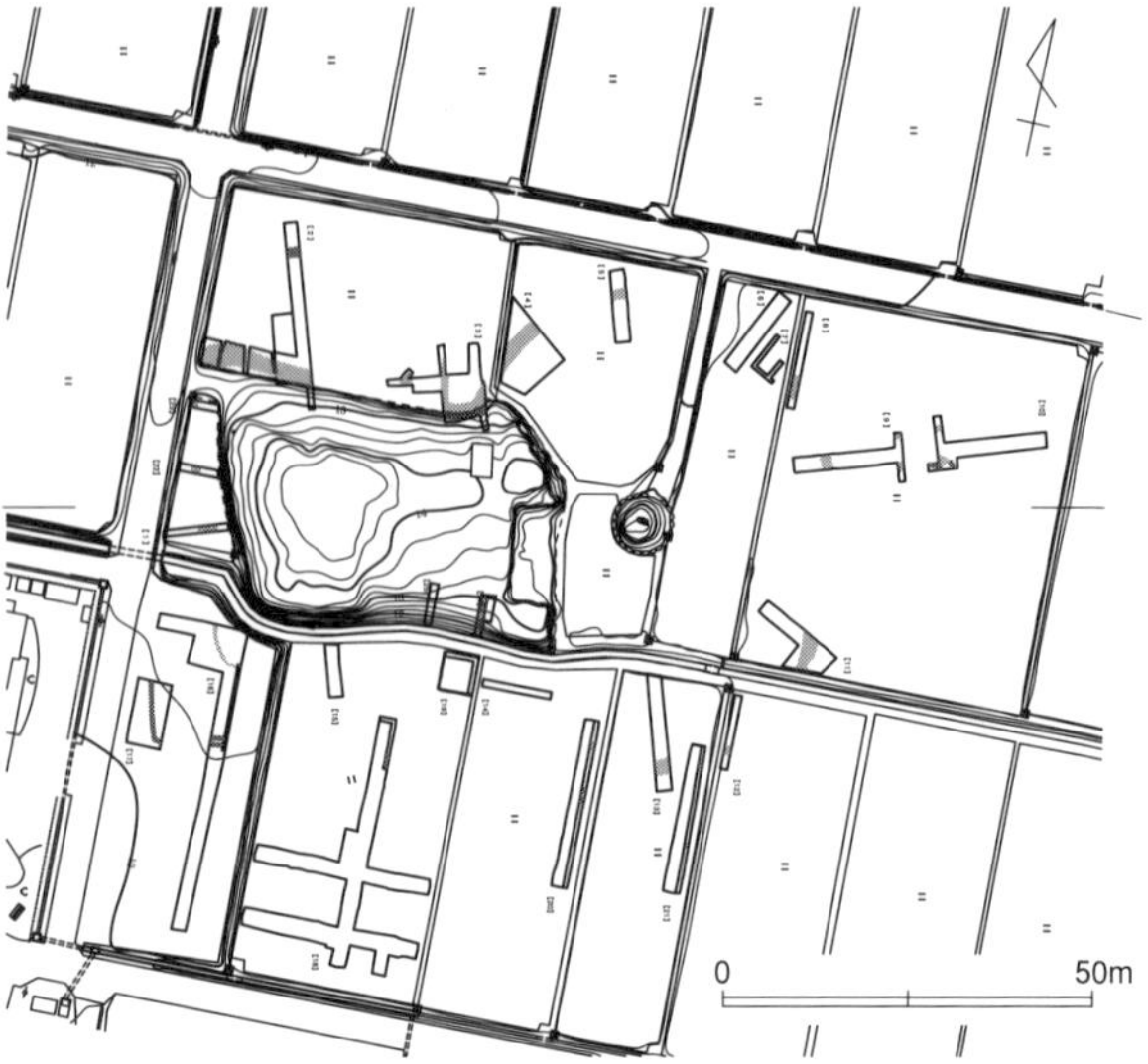

図９　矢道長塚古墳周辺の測量図

矢道の二古墳

親ヶ谷古墳とほぼ同時期に、標高一一メートルの平野に築かれた二つの前期古墳がある。一つは矢道高塚古墳で、もう一つが矢道長塚古墳である。この二つの古墳は現在の大垣市矢道町に位置し、相川《あいかわ》が形成した扇状地上に隣接して立地する。

高塚古墳は長塚古墳に対して「高い塚」という意味で名づけられた古墳である。しかし、古墳は大正年間にすでに土取りのため消滅し、その際川原石の石槨があったとされる。唯一知られる副葬品は古相の倣製鏡で、それ以前に出土していたようである。一九九〇年の物理探査や一九九五年の範囲確認調査によって、墳丘長約六〇メートルの前方後方墳の可能性が高まった。

一方、長塚古墳は高塚古墳の東南約五〇メートルにあって、現在は前方部のみ残る（図9）。一九二九年、高塚古墳と同様瓦粘土の採取によって後円

図10　矢道長塚古墳の陸橋と葺石

部が大きく抉られ、このとき三回にわたって多数の副葬品が発見された。

　このとき全国でもめずらしく緊急の記録調査が行われた。その調査にあたったのは、関ヶ原の藤井治左衛門と揖斐の小川栄一の二人の郷土史家である。彼らは岐阜県史蹟名勝天然記念物調査委員であり、郷土の考古資料などを詳細に記録にとどめていた。調査後、藤井は『考古学雑誌』にその記録を三回にわたって報告するなど、学史上重要な仕事を行っている。彼が撮影した写真のガラス原板は今では貴重な文化財でもある。こうした在野の人による文化財保護は全国でも多くみられるが、郷土における二人の仕事は大きい。

　さて、長塚古墳は後円部を失っているものの、一九九〇年と二〇〇三年から二〇〇四年にかけての調査によって墳丘長約九〇メートル、後円部径六五×五四メートル（六〇×五七メートル）、前方部幅四三メートル、くびれ部幅約三〇メートルと判明した（カッコはもう一つの復元案にもとづく数値）。墳丘には段築が存在し、葺石や埴輪を備えた前方後円墳であることも明らかとなった。この調査のときにみつかった「陸橋」は、周濠のなかに残る渡り土手状の遺構で、これまでの周濠調査ではみつかることが少なかった（図10）。

　葺石は相川が形成した扇状地の川原石を用いており、全体的に小振りである。埴輪は円筒埴輪、朝顔形埴輪そして破片ながらも家形埴輪や盾形埴

図11　矢道長塚古墳の副葬品出土状況（左：西棺　右：東棺）（藤井1930）

輪を確認でき、美濃における初期の埴輪を知ることができる。

埋葬施設は後円部に東西並んで二棺あった（図11）。東棺は残存長五・四五メートルの木棺が確認され、北に高い小口側から三角縁神獣鏡三面と鍬形石三個そして環頭大刀一振が出土している。この他に剣二本、鉄斧二個、銅鏃六本がある。

一方、西棺は長さ一・七六メートルの木棺で、なかから三角縁神獣鏡二面と内行花文鏡一面、石釧約七一個、合子一個、石杵二個、管玉一九三個、ガラス玉多数がみつかっている。これらの副葬品は当時、帝室博物館（現在の東京国立博物館）が購入している。

これら二つの木棺はほぼ同じ傾斜で並びも平行であることから、同じ墓壙に備えつけられた可能性が高い。なお、いずれの木棺も粘土に覆われており、二基とも粘土槨であったと考えられる。

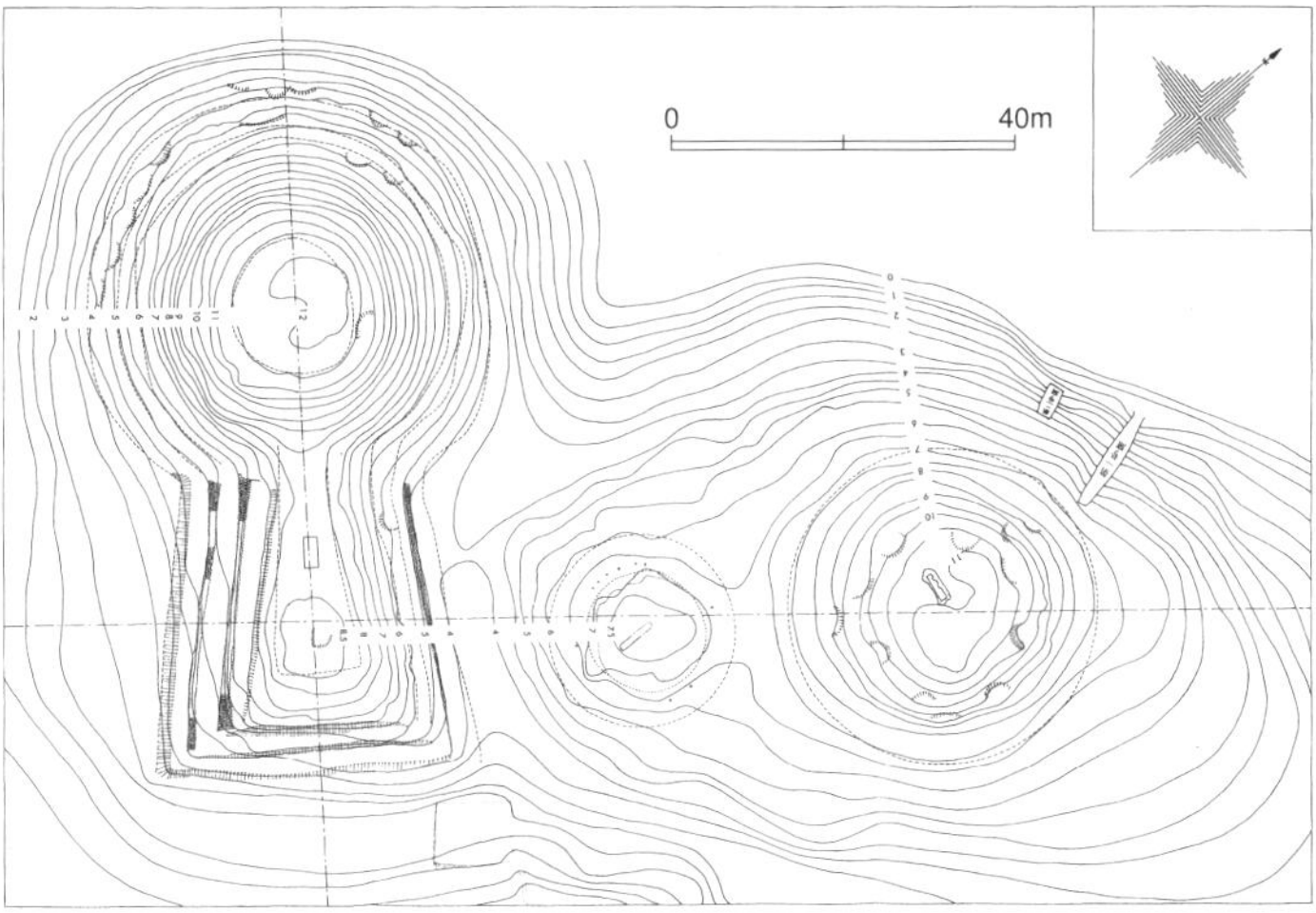

図12　遊塚古墳群測量図（楢崎1972）

遊塚古墳

一九六〇年には青墓の遊塚古墳群が名神高速道路建設の土取りのため緊急調査された。遊塚とよばれた標高五〇メートルあまりの小山には、三基の古墳と斜面に二基の須恵器窯があった。調査は名古屋大学考古学研究室を中心とする「遊塚古墳群発掘調査団」の手によって行われ、その指揮をとったのは名古屋大学の楢崎彰一であった。

遊塚古墳は、前方部を東南に向けた墳丘長八〇メートル、後円部径四七メートル、高さ八メートル、前方部幅三八メートル、高さ四・五メートルの二段築成の前方後円墳で、墳丘には葺石と埴輪が備わっていた（図12）。

この古墳も明治年間に盗掘を受け、滑石製の合子がすでに東京国立博物館に保管されていた。前方部を調査したところ、長さ二・二メートル、幅八五センチの長方形の坑から多数の副葬品が姿を現して調査団を驚かせた（図13）。

図13　遊塚古墳前方部頂の副葬品（楢崎1972）上が後円部側

なかでも陶質土器の蓋と鉄製の柄がついた手斧は国産品ではなく、はるか朝鮮半島のものと思われた。このほか車輪石一個、滑石製祭器一五二個（斧八・鑿一・鉇一・鎌四・刀子一三七・壺一）、剣四本、刀一三振、鉄鏃七四本、銅鏃三三本、鉄製農工具（斧一・鑿五・鉇五・鎌四）、板状鉄製品と多くの副葬品が出土した。これらは黒漆塗りの革盾の上に置いてあったという。

私はこの前方部の施設は、副葬品だけを収めた埋納施設である可能性が高いとみている。このように墳形、埴輪、副葬品の内容がわかる遊塚古墳は、中期古墳の標式墳として知られている。

以上が昼飯大塚古墳の周囲にある主要な古墳の概要である。いずれも昼飯大塚古墳がつくられた時代に活躍した首長の墓であり、これらの古墳に葬られた被葬者は、おそらく昼飯大塚古墳の被葬者となんらかのかかわりをもちながらこの地域を統治したに違いない。そんなことを考えながら、次章より昼飯大塚古墳の概要に頁を進めていきたい。

Ⅱ　昼飯大塚古墳の発掘

1　発掘に入るまで

発掘調査の話に入る前に、まず昼飯大塚古墳がこれまで誰にどのように調べてこられたのか、その研究のあしあとをみておきたい。

最初に記録されたのは昭和初期である。記録にとどめた人は大学の先生ではなく、在野の郷土史家であった。一人は揖斐の小川栄一、もう一人は関ヶ原の藤井治左衛門である。前述した矢道長塚古墳の調査のみならず、二人の郷土史家はおもに美濃の古墳や遺跡をくまなく歩いて調べ、人びとからさまざまな情報を聞き出しては遺跡や遺物を記録していた。古墳の大きさなどは歩幅で測り、その状態を観察していたのである（図14）。

このころ古墳のスケッチは、等高線をフリーハンドで描き、ところどころに観察した所見を書き込むスタイルであった。こうした観察記録は、現在消滅している古墳や遺跡にとってはたいへん貴重な情報となっている。また現存していても削り取られているところなどは、当時は完全な姿であった場合も多く、墳丘の形態や埴輪の出土位置

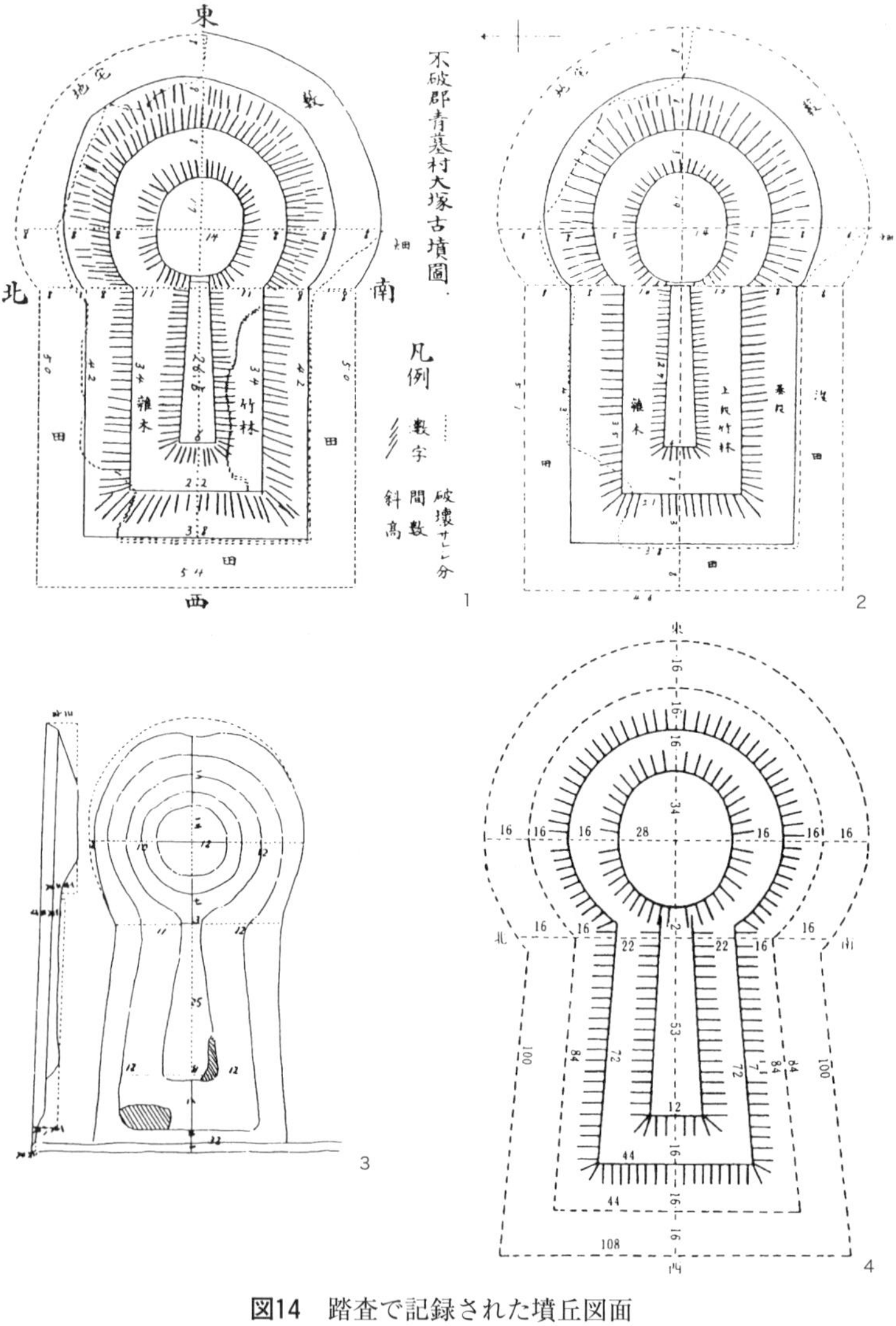

図14　踏査で記録された墳丘図面
（1：藤井1925、2：藤井1926、3：小川1931、4：藤井1977）（縮尺は1/1000）
※西暦は文献刊行年であり、古墳を踏査した年を表していない。

を考える上で参考となる。戦後では森浩一がその略測図を描いており、墳丘が三段築成であることを見抜いている。

こうした踏査記録以外に、もう一つ重要な記録がある。それは踏査のときに採集した埴輪などの遺物である。関ヶ原町歴史民俗資料館には、こうした先人の採集した資料が保管されている。藤井治左衛門の採集品と考えられる埴輪の破片には、円筒埴輪の破片以外にも特徴的な形象埴輪の破片があった。こうした埴輪片が形象埴輪の一部であることを当時すでに確信し、復元図を描いて保管箱に貼り付けてあるのは驚くばかりである。

この保管資料を知ったのは一九八七年であるが、これをみて昼飯大塚古墳の形象埴輪に注目したのは京都大学の高橋克壽である。この破片から高橋は埴輪祭式の畿内から東海への伝播が二系統あることを論じ、昼飯大塚古墳のそれらが大和盆地北部の埴輪に共通することを指摘した。

埴輪の破片には家形埴輪、蓋形埴輪、甲冑形埴輪のほか盾形埴輪を確認できた。また岐阜大学には靫形埴輪の破片も保管されており、これを加えると、発掘調査で明らかにした形象埴輪の種類と一致する。古墳の調査といえば、すぐに発掘調査を思い浮かべる人も多いが、採集資料の破片からでも学術的追求が可能であることを忘れてはならない。こうした先人の努力や方法は見直されてもよいだろう。

2　最初の学術調査

大学の調査

昼飯大塚古墳の学術的な発掘調査が行われたのは、一九七九年になってからである。調査を手がけたのは遊塚古墳を調査した名古屋大学考古学研究室であった。

一九六〇年代から一九七〇年代にかけて、都道府県や市町村では高度経済成長にともなう大規模開発や、名神高速道路および東海道新幹線工事にともなう発掘調査に追われていた。しかし、岐阜県では開発があるたびに大学や在野の研究者に調査を託していた。

大垣市でも先に触れた遊塚古墳群や一九七一年に実施された花岡山古墳群の発掘調査では、名古屋大学に依頼していた。名古屋大学による昼飯大塚古墳の調査は、こうした経緯の延長線上にあった。このとき調査を担当したのが考古学研究室の大学院生荻野繁春で、その他の大学院生や学部生も加わって現在の赤坂総合センターに泊まり込んで作業にあたった。

測量調査 そのとき最初に行った作業は、正確な図面を作成するための墳丘測量であった。当時はまずトラバース測量を行い、その後平板測量をくり返して行うもので、古墳の規模が大きいほど平板の位置を変える頻度も多く時間を要した。またうっそうと生い茂った竹藪によって見通しも効かず、測量に約一カ月を費やしたという。そのときに完成させたのが図15である。

考古学ではこうした平面測量図を参考に、墳形や墳丘の長さや高さ、あるいは周濠の存在などを推測する。古墳の概説で登場する数値はこうした作業によるものもある。徒歩で計測した昭和初期と比較すると、飛躍的な進歩といえる。

さて、この調査では測量後に墳丘と周壕と思われるところに調査区を設け、はじめて発掘を行った。その結果、狭い調査面積であったにもかかわらず埴輪を確認でき、四世紀末から五世紀初頭という築造時期を推定した。ここにきてようやく学術的な手続きによる築造時期が示されたのである。現在はこの調査を第一次調査として位置づけ

図15　墳丘測量図（1980年作成）

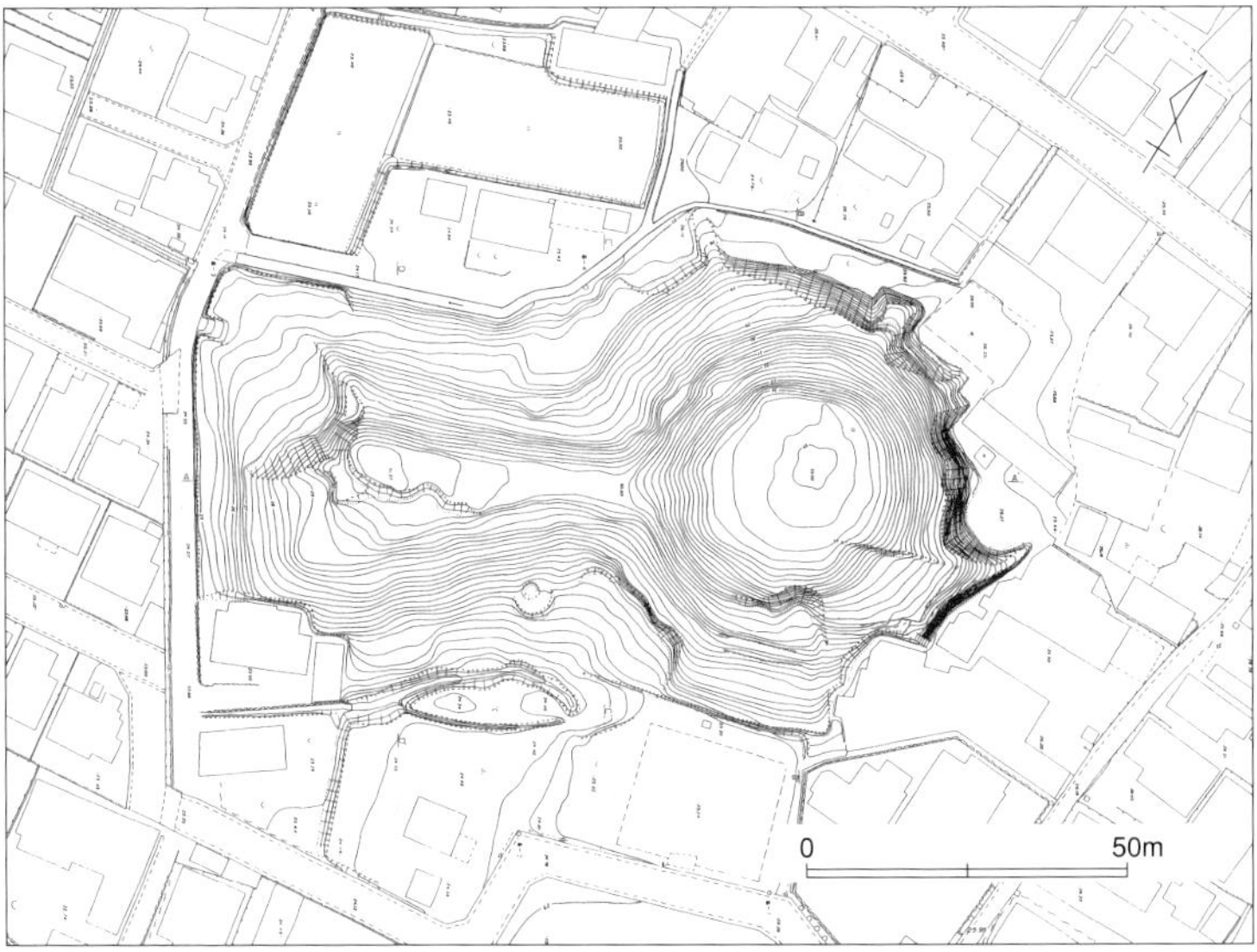

図16　墳丘測量図（1994年作成）

ている。

その後一九九四年になって調査は再開されるが、このときは大学ではなく大垣市が直接調査を担当するようになった。しかし、第一次調査の一九七九年から調査が再開されるまでの間に、古墳の周壕部分は造成され宅地化が進んだ。

3　発掘調査の推移

差し迫る墳丘の保護

冒頭で触れたように、古墳はその築造から長い年月を経て全体が木や竹林に覆われ、その姿を変えていた。さらに、昭和初期までは土瓶や陶器そして瓦を焼くための粘土を古墳から採取したり、不良品などをここに廃棄するなど改変をくり返してきた。戦時中には防空壕をつくるため、墳丘に大きな坑を抉っていたともいう。最近では周囲の宅地化の波にも晒され、造成によって周壕の痕跡すらわからなくなっていた。

こうした事態は古墳そのものの保存にも悪影響を及ぼすほか、今後さらに削平されて変貌する危惧があった。そこで大垣市ではこうした状況を回避するため、市が古墳そのものを買い上げて公有化し、史跡公園として整備していくことがのぞましいと判断した。

その整備を行うためには古墳の正確な規模や墳丘構造、さらには総合的に古墳の歴史的意義を理解する必要があった。そこで考古学的な調査をまず行い、その結果導かれる古墳の範囲をできるかぎり保護し、文化財保護法のもとに行う国の史跡指定をめざした。そのためにはまず古墳の範囲確認調査を継続的に実施する必要があった。

地元での説明会

古墳を発掘調査する場合、明確な目標と計画が必要である。また同時に土地の地権者の理解と協力も不可欠である。そこで、調査に入る前の一九九三年七月に説明会を開催して、地元の方々へこれからの事業の進め方や公有化の手続きなどについて理解を求めた。

一九九六年までには、墳丘の大半と周壕の一部を含む約一万平方メートルが公有化された。この土地の取得は大垣市土地開発公社が担当し、将来整備するときに大垣市がここから買い戻しをするしくみとなった。このように間接的ながらも、古墳をほぼ一括して購入できたことで、長期的に発掘調査を進めていける環境が整った。

しかし、公有化されたといっても、これだけ規模の大きな古墳を短期間に調査して整備することはむずかしい。さらに費用の面でも大垣市単独での実施は困難であった。こうしたことから事業は、国や県からの調査指導や費用補助を受けて進めていく国庫補助事業となった。名古屋大学の調査からじつに一四年あまり経過してから、ようやく古墳保護の調査体制や環境が整ったのである。

調査の体制

一九九四年から一九九九年までの発掘調査は、範囲確認調査と位置づけて第二次から第七次調査まで行い、二〇〇四年からは整備に必要な調査として実施している。

発掘作業にあたっては、地元の方々のほか各地の大学から考古学を専攻する学生が参加して、主体的に調査に取り組んだ。一九九八年には大阪大学考古学研究室と共同調査を展開するなど、行政調査といえども学術的な側面を失わないように意識した。

そして範囲確認調査が終了した二〇〇〇年以降は、参加した学生らとともに多量の埴輪や玉類などを整理し、調査報告書の編集作業に取り組んだ。

表1　これまでの調査と事業の内容

年　度	調査次数	概　　　要	事業期間
昭和54年度	第1次調査 地形測量	名古屋大学考古学研究室による地形測量と周壕の範囲確認調査（第1～3トレンチ）を実施。墳丘長137 mの岐阜県最大の前方後円墳であることがわかる。	
平成5年度	墳丘測量 物理探査(周壕)	整備事業の着手にあたり、市史跡周辺を測量。将来史跡整備する範囲を公有化するため、土地開発公社へ先行取得依頼。地元説明会の実施。	市内遺跡発掘調査（平成5年度～平成11年度）
平成6年度	第2次調査	昼飯大塚古墳調査整備委員会を組織し、事業の進め方について指導を受ける。周壕部分を事前に探査し、その後発掘調査（第4・5トレンチ）を実施。	
平成7年度	第3次調査 物理探査(墳頂)	前方部を中心に発掘調査（第6～9トレンチ）。3段築成であることが判明。後円部頂と前方部頂に対して探査を実施。埋葬施設などを確認。	
平成8年度	第4次調査 散布地調査	くびれ部と周壕の発掘調査（第10～12トレンチ）。墳丘長が148 m以上になることが判明する。『昼飯大塚古墳環境整備基本構想』の策定。	
平成9年度	第5次調査 ボーリング調査 温度探査	後円部墳丘と後円部頂を発掘調査（第13・14トレンチ）。後円部頂では径20 mの埴輪列を確認。墳丘東・南側におけるボーリング調査の実施。	
平成10年度	第6次調査 ボーリング調査 温度探査	大阪大学考古学研究室との共同調査（第15～18トレンチ）。後円部頂で盗掘坑を確認し、竪穴式石室を確認する。周壕北・西側でボーリング調査を実施。調査後、「昼飯大塚古墳検討会」の立ち上げ。	
平成11年度	第7次調査	後円部頂では竪穴式石室に隣接して粘土槨を確認する。さらに、それらに直交する鉄製品列を検出。埴輪棺やスロープ部での葺石などを確認（第11・13・17・18トレンチ）。アンケート調査の実施。『昼飯大塚古墳環境整備基本計画書』の策定。	
平成12年度		9月12日国史跡に指定される。これを記念して『昼飯大塚古墳の登場とその背景を探る』とするシンポジウムを開催。普及パンフレットの作成。	整理作業（平成12年度～平成14年度）
平成13年度		国庫補助事業としての公有化事業を開始。土地開発公社保有地以外の民有地も買収対象となる。「昼飯大塚古墳歴史公園整備事業」の議会議決。	土地の公有化（平成13年度～平成21年度）
平成14年度		発掘調査報告書『史跡　昼飯大塚古墳』を刊行。	
平成15年度		国史跡となった範囲での民有地の公有化完了。	
平成16年度	第8次調査 メッシュ測量	整備のために必要な調査を5ヵ年計画で開始。墓壙内調査では粘土槨の規模と鉄製品の性格を確認。調査成果にもとづき普及パンフレットを修正。	整備のための調査（平成16年度～平成20年度）
平成17年度	第9次調査	後円部の墳丘を中心に発掘調査（第19～24トレンチ）。情報科学芸術大学院大学（IAMAS）と共同してGPS表示システムの製作を2カ年計画で取り組む。	
平成18年度	第10次調査 散布地調査 物理探査 (相方部頂)	前方部とくびれ部を中心に発掘調査（第25～28トレンチ）。普及パンフレットの増刷。	
平成19年度	第11次調査	周壕の整備となる範囲を発掘(第29トレンチ)。	
平成20年度		整備のために行った発掘調査の報告書刊行予定。	
平成21年度 ～ 平成24年度	整備工事	4ヵ年にわたる整備工事の実施予定。整備報告書の刊行予定。	整備工事（平成21年度～平成24年度）

4 調査の目的と複眼的視点

調査の目的 岐阜県最大の古墳を発掘するという、意義深く、また他に機会のない調査だけに、計画的かつ慎重に進めることにした。そこでまず最初に調査計画とその目的を明確にし、さらに「昼飯大塚古墳調査整備委員会」を設置して、大垣市が進めていく調査やその成果の評価について外部からも検討を加えられるようにした。

そのメンバーに考古学では三重大学の八賀晋、大阪大学の福永伸哉が、また造園学では奈良文化財研究所の小野健吉が顔を揃えた。さらに、将来の整備にあたっては大垣市の公園担当者の協力も必要になるとの見通しから、発掘調査段階からオブザーバーとして参加してもらった。都市施設課の豊田富士人はそのとき以来のかかわりである。

さて、この委員会で確認した発掘調査の目標は、次のとおりである。

①古墳の墳形の把握。
②周壕範囲の確認。
③墳丘構造の把握。
④墳頂での盗掘状況の把握。
⑤築造時期と歴史的意義の解明。

こうした目標を設定した上で発掘調査に着手することになったわけであるが、一連の調査ではさまざまな方法を駆使して臨んだ。それは発掘調査それ自身がある意味では破壊に通じる行為であるため、できるかぎりの方法で記録し、今回の調査の意義を高めたい気持ちが強かったからである。ここでは具体的に次の三つの事例を紹介したい。

物理探査（図17） 将来にわたって遺跡を保護していくために行う調査は、で

図17　物理探査（地中レーダ探査）
＜第２・６次＞

きるだけ発掘面積を少なくして成果をあげることがのぞましい。発掘調査の面積が小さければ遺跡への影響も少ないからである。さらに、掘らずに地中の状態がわかればなおさらよい。こうした研究の到達点が「地中探査」である。

かつて矢道長塚古墳の周濠確認調査でも、物理探査は大きな成果を挙げていた。それは水田に埋もれた葺石や周濠そして陸橋を、水田の上から掘らずにつきとめたからである。そこで今回の調査にもこうした地中探査の導入を図ることにした。

探査の対象としたところは、今は埋もれている周壕部分と後円部頂および前方部頂であった。探査にはこれまでひたむきに研究をつづけてきた奈良国立文化財研究所の西村康に、東京工業大学の亀井宏行が加わった。

作業はまず周壕からはじめた（図18）。第二次調査のときに北側の水田と南側の畑やゲートボール場に対して、地中に電気を流すもの（電気探査）と電磁波を流して地中の土質の変化を探る地中レーダ探査を行った。二つの方法を採用したのは、それぞれの方法には長所と短所があるため、

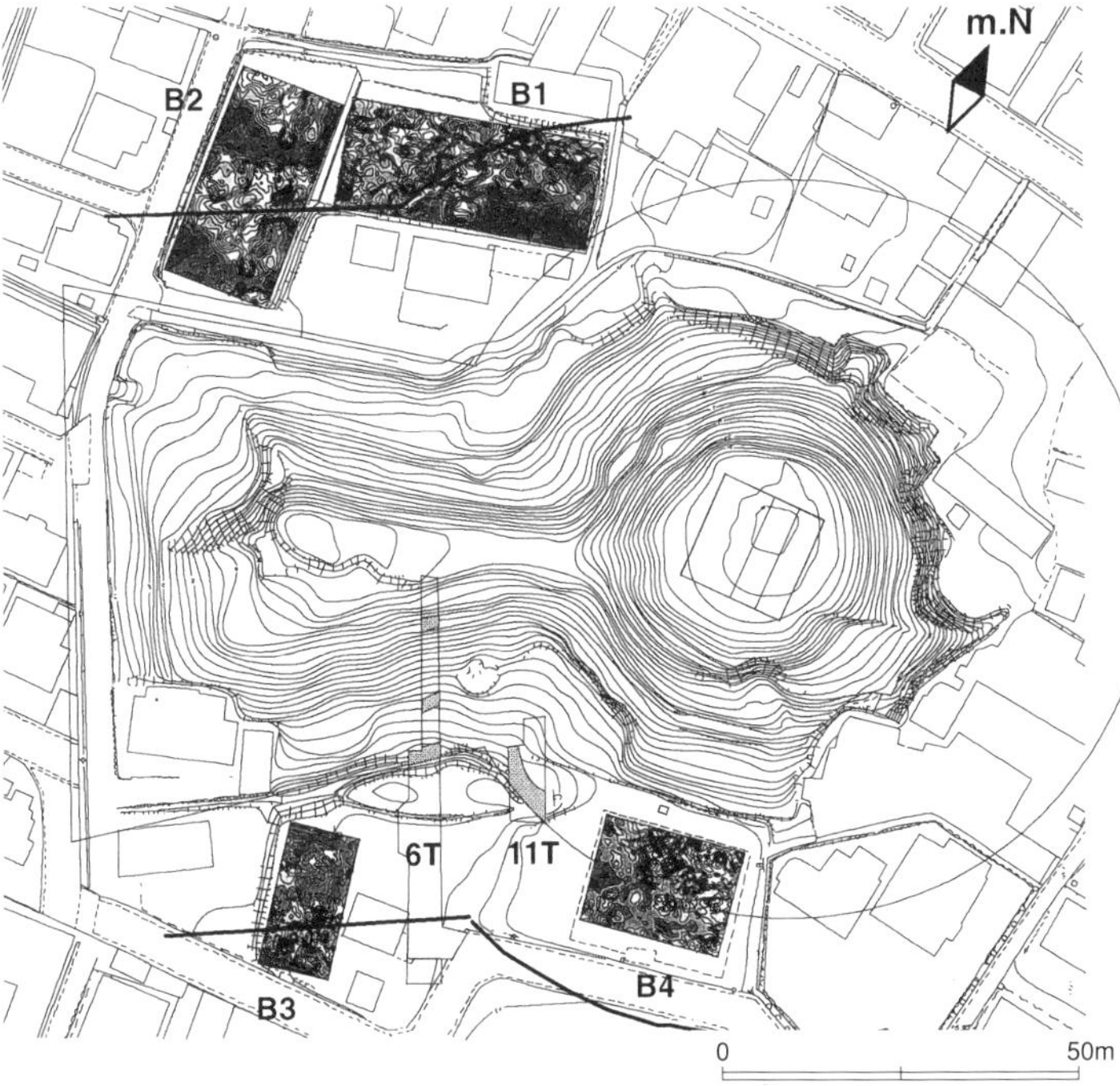

図18　探査で推定した周壕の範囲

同じ場所を異なる方法でクロスチェックすればより効果が上がると考えたからである。

翌年の第三次調査では埋葬施設に関する情報や盗掘坑の位置などを知ることを目的に、後円部と前方部の墳頂部を探査した。これは埋葬施設や墓壙の情報を事前に入手することで、その後の調査区の設定や掘り進め方など調査計画に役立てようとしたものである。

さらに地中に埋もれている金属器に反応する磁気探査も併用し、副葬品に関する手がかりも探った。しかし、この磁気探査は金属に敏感に反応したため、表面に落ちていた釘などのノイズによって期待どおりにはいかなった。しかし、全体を通してくり返しさまざまな手法で地中を探る試みを実施したことは、古墳と探査の関係を考える上でよい機会となった。つまり、考古学側では探査を一度行うと、探査と発掘の結果のみを重視し、方法の再検討などはしないことが多いが、たいせつなことは考古学側と探査側が相互の結果を十分議論しながらよりよい探査方法を探っていく姿勢にあるからである。こうした探査の成果については、周壕については第Ⅲ章で、後円部頂については第V章で触れる。

ボーリング調査（図19）　物理探査と同じように地中のことを知る方法にボーリングがある。これは建物や道路などをつくるとき、あらかじめ地質の強度を調べるため用いるものであるが、これを周壕の範囲を調べるために応用した。

　古墳の周囲をめぐる周壕については、周壕のなかに埋まった土と周囲の地山の土（黄色の粘土）とが明確に峻別できること、その最も深いところで地表から約二・五メートルであることがこれまでの調査でわかっていた。そこでボーリングを一つの測線に沿って数カ所行い、それらの土層サンプリングを通じて、黄色の地山の土がどのくらいの深さで確認できるかを順番に記録し、平面図にその位置と深さを記入したのである。

　この方法によって地面に直径数一〇センチほどの穴をあけるだけで周壕の調査が可能となり、民家の庭先や畑などでも実施できた。昼飯大塚古墳のように、すでに周壕部分が埋め立てられて住宅地になっている場合でも、きわめて簡易で有効に働いた。

　このボーリングの柱状図を作成して検討した結果、発掘調査で確認できなかった範囲までも補足することができ、図22のような周壕の復元図を描くことができた。

散布地調査（図20）　三つめは、分布調査というフィールドワークで用いられる方法を後円部頂に応用したものである。これは後円部頂を一《メートル》方眼（メッシュ）で区画して水糸をはりめぐらし、そこで採集した遺物を記録するものである。ここでは散布地調査とよんでおこう。

このような調査は本来発掘調査を前提とするような場合、掘ることによって明らかになるため、時間の無駄と考えられ実施されてこなかった。しかし、後円部頂は埋葬を行った重要な空間であるし、埴輪列の存在も想定されたため、あらかじめ

図19　ボーリング調査＜第５・６次＞

さまざまな情報を引き出すために必要な方法ではないかと考えて実行した。

作業は水糸で区画した一平方メートルのなかを、ハケで笹や石をはねのけて埴輪を拾い上げては袋に入れるというものである。このとき埴輪以外にも土器の破片や砂岩製の板石もみつかり、新たな情報を得ることができた。とりわけ扁平な板石が墳頂部にあるのは不自然であり、盗掘によって荒らされた埋葬施設の石材ではないかと直感した。伝承でしかなかった竪穴式石室がおぼろげながらも目の前にみえてきた一瞬であった。

図20　散布地調査＜第４次＞

この地味ともいえる調査の効果は、発掘の前に

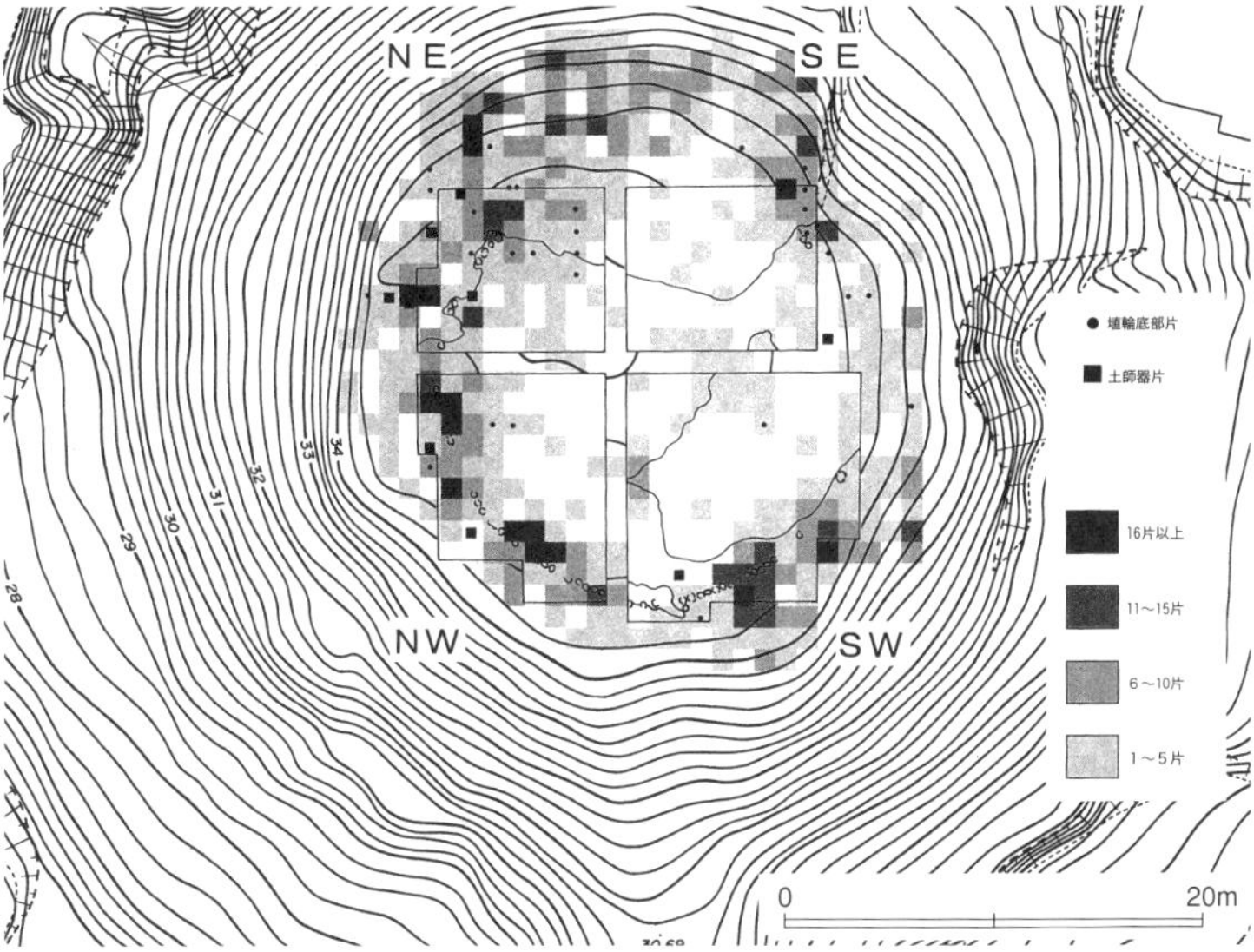

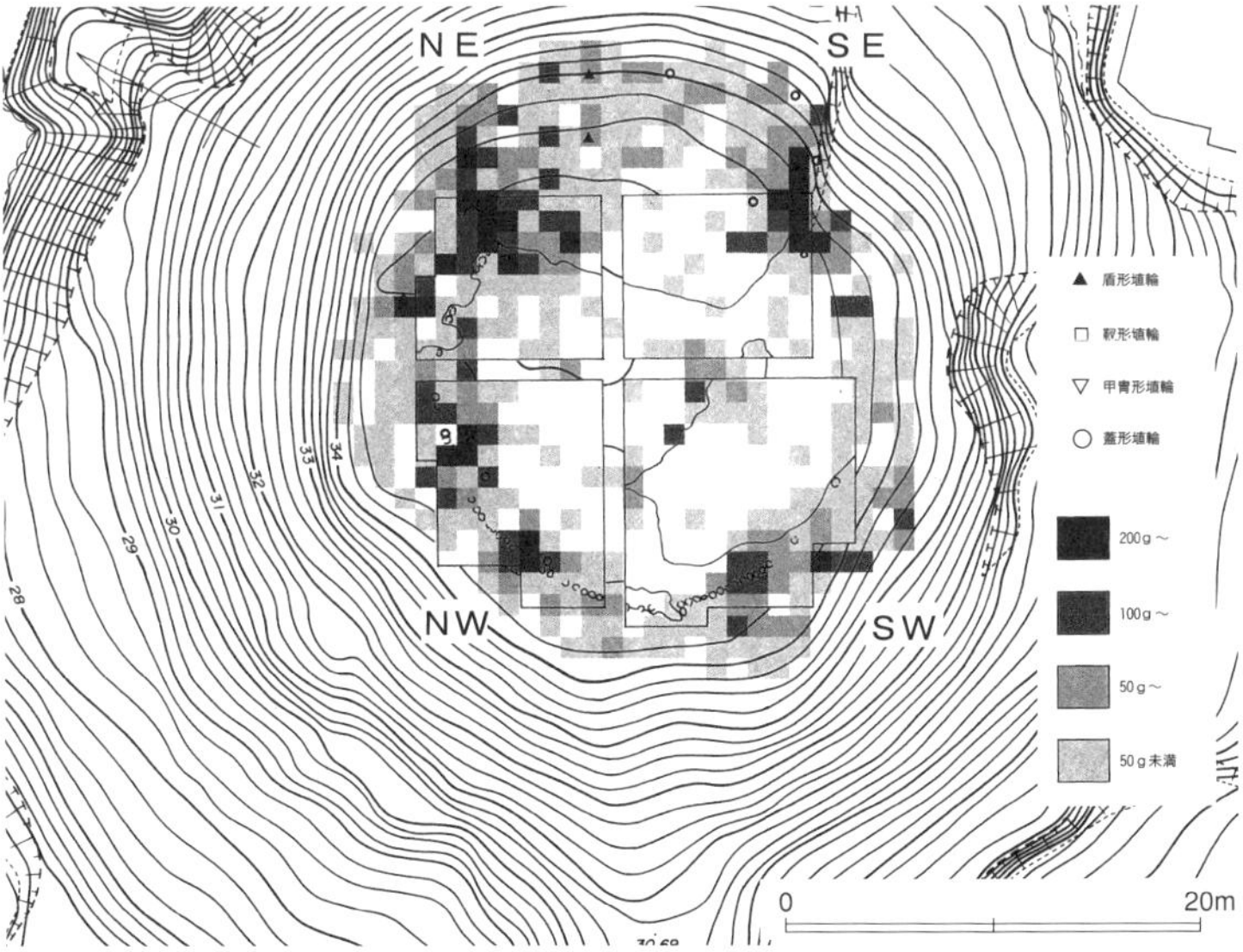

図21　散布地調査の成果（上：数量　下：重量）

どのあたりに埴輪の破片が多くあるかを把握でき、埋もれている埴輪の位置を想定できた点にある。その結果は、数量をカウントする方法や重量に置き換える方法で示し（図21）、このうち重量で表示する場合がより発掘後の状況に近いこともわかった。

さらに過去に知られていた家・盾・靫・甲冑形の埴輪を、破片ながらもこのときあらためて現地で確認することができた。

こうした約一カ月間にも及ぶ根気のいる作業によって、発掘調査では見過ごしてしまいそうな些細な情報を収集できた。このような調査方法も今後古墳踏査に次ぐ古墳調査の一過程と位置づけたいと考えているが、いかがなものであろうか。

以上のような物理探査、ボーリング調査、散布地調査はかならずしもすべての古墳調査に適応するものではない。しかし、これらの成果が教えてくれたことは、滅失してしまう遺跡の記録調査と、調査後も保存され、その情報が整備に応用されるような場合の調査とでは、調査方針や方法が違ってしかるべきということであった。こうした視点にもとづく調査方法について、今後も議論や研究が行われていく必要があると痛感している。

Ⅲ　昼飯大塚古墳の構造

1　墳丘と周壕

墳丘調査　発掘調査で明らかになった内容のうち、とりわけ大きな成果といえるのは、古墳の墳丘に関する情報である。

古墳の発掘調査と聞くと、多くの人は副葬品の発見や被葬者に関心を抱く。これらの問題も重要なことであるが、整備を目的として調査を行う場合には、それ以上に墳丘をどのように保護していくのか、そのために必要な補修箇所はどこで方法はどのようにするのかという意識が強く働かなければならない。古墳の墳丘構造に関する知見は、何よりも重要といえる。これが整備を目的としない調査との違いである。

さて、第七次調査までにわかった古墳の規模は、墳丘長約一五〇メートル、後円部直径九六メートル、高さ一三メートル、前方部長六二メートル、高さ九・五メートルである。また、周囲を取り巻くと推定される周壕まで含めると、その長さは約一八〇メートルに及ぶ（図22）。その面積は小学校の運動場がそのまま一つすっぽりと入る広さである。

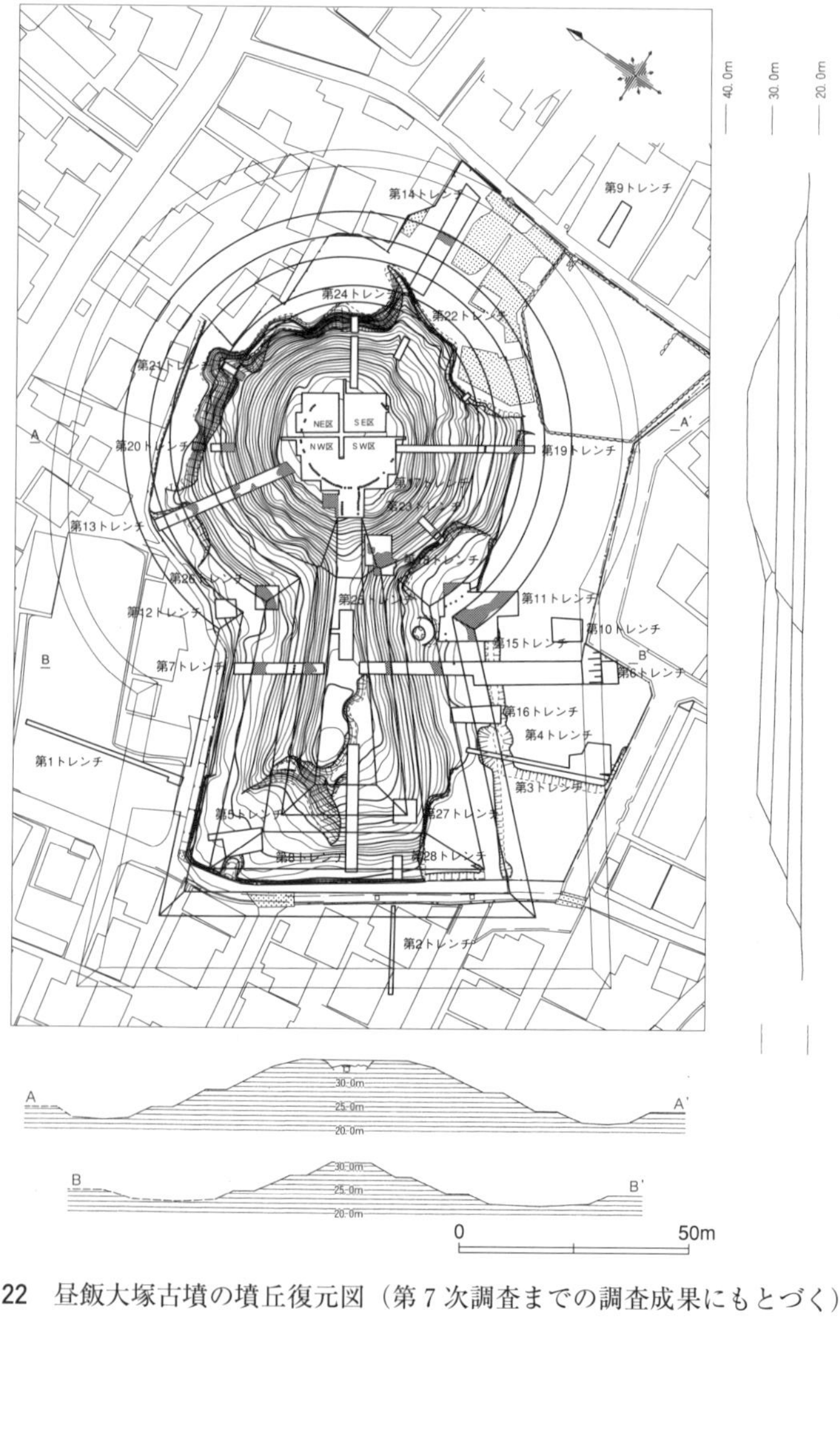

図22　昼飯大塚古墳の墳丘復元図（第７次調査までの調査成果にもとづく）

こうした大規模な墳丘と周壕を有する古墳の築造は、現代からみても大がかりな土木工事であったに違いない。そうなると古墳づくりにともなって各種の工事が行われているわけで、当然その技術導入や技術者集団の関与が考えられる。ここでは古墳づくりの視点から、さまざまな土木技術から成り立っている昼飯大塚古墳の姿を調査成果にそって眺めてみたい。

盛土

古墳の墳丘を築く手順は、それぞれの古墳によって違いがあり同じではない。しかし、共通していることは墳丘を高く盛り上げ、仕上げる点である。その意味で盛土《もりつち》を考えることは重要であるが、昼飯大塚古墳の場合では、盛土は計画的な工法に則して行われていたことがわかっている。

まず最初は周囲の地形を整地するなどの造成が行われた。すなわち、古墳が立地する地形は標高約二〇メートルの台地上であるが、もともとゆるやかに東から西に傾斜している。しかし、調査の結果、後円部側の墳丘基底と前方部側の基底との差はほとんどなく、墳丘を構築していく段階で傾斜した地形をいったん水平にする作業が行われていた可能性が高いとみている。

本来周壕の滞水を避けるためにも、通常地形の傾斜を利用して排水することが考えられるのだが、地形を水平にすることにこだわったのは盛土を水平に積み上げていくための意図的な造作ではなかったかと考えている。

墳丘と段築

このようにして地ならしをしてから盛土を開始していくが、昼飯大塚古墳の場合は、単に盛り上げるだけでなく、途中に平坦面をつくり出し、そこに埴輪を並べる工程があった。

こうした墳丘斜面途中の平坦面が後円部と前方

図23　墳丘盛土の細部

部に三段認められ、昼飯大塚古墳は「三段築成」を採用した前方後円墳であると判明した。なお、段築の形成手順はトレンチの断面観察により、大阪大学の林正憲と早稲田大学の中川敬太らによって次のように考えられた。

まず、三段となる墳丘のうち第一段目はもともとの地形を削り出すなどしてうまく活かし、一段目途中もしくは第二段目から土を盛り上げた。第二段目と第三段目の盛土の状況は、細かく分かれたブロック状の盛土単位が確認でき、ここから作業工程を読むことができた（図23・24）。

第九次調査では、京都大学の岸本泰緒子や早稲田大学の福田桂子らが、削平された崖面の観察などを通して後円部の墳丘構築過程を検討したが、ほぼ水平に堆積した盛土が各所でみられ、高度な測量技術とともに土木工学的な知識をそこに読みとった。

さらに、盛土について詳しく観察した結果、墳丘の南北では土壌が異なっていることがわかった。墳丘の南側では黒ボク土と地山の黄色粘土が交互に盛られているのに対して、北側は砂礫を多く含んだ層が互層となっていた。これは台地表面に広がる縄文時代晩期に起源をもつ有機質層と、北側の開析谷に含まれる砂礫を多く含んだ砂利層との差と考えられ、古墳の盛土が周壕の形成とも

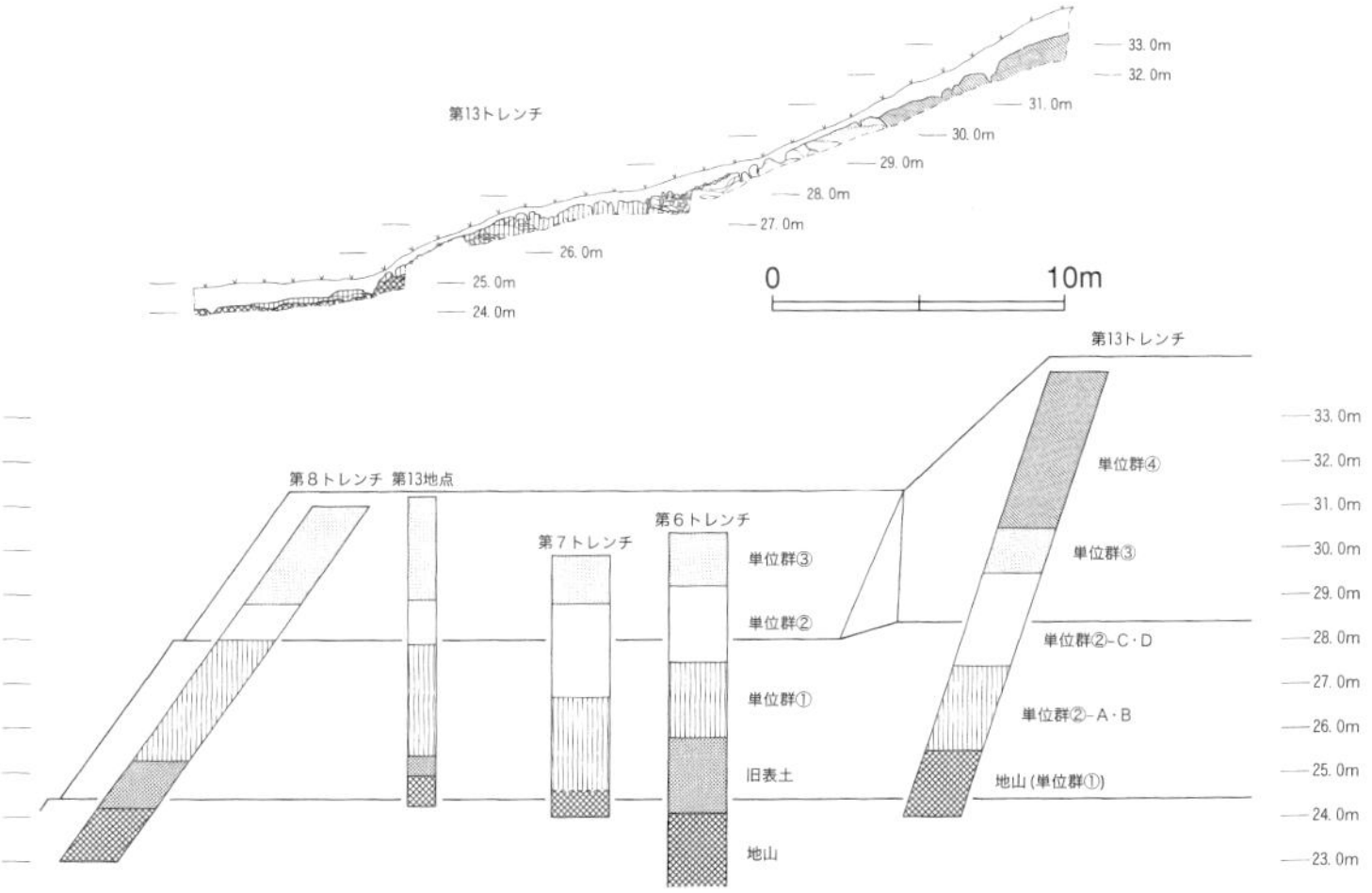

図24　墳丘築造単位（模式図）

単位群①：地山成形に関連する盛土。単位群②：黒色系および黄褐色系土層が混在する盛土。単位群③：砂質土層の盛土。単位群④：砂礫土層の盛土

密接にかかわっていたこともわかった。

ところで、やや疑問な点は墳丘を盛り上げる土の量が、周囲の土を掘削しただけで十分であったのかという問題である。これに関連して矢道長塚古墳の周濠内の土量と墳丘土量を検討したところ、それだけでは不十分で足りないことがわかった。墳丘に使う盛土は、どこからかもち込んでいる可能性が高いのである。

昼飯大塚古墳の場合も、周壕を掘った土だけではとても現状のような高さまで盛り上げることはできない。いったいどこから土を運んできたのかは残された課題である。

段築の意味

昼飯大塚古墳の墳丘は、三段に築かれた。こうした構造を「三段築成」の古墳とよぶが、多くの古墳は少なからずこの段をもつ。この段築に注目して全国の古墳をみていくと、段築が古墳の墳形や大きさと密接に関

係していることがわかる。

　近畿地方などの大きな前方後円墳は、後円部が四段で前方部三段、あるいは後円部三段で前方部も三段というように「三段築成」が大王墓とよばれるようなきわめて大きな古墳に採用されている。

　一方、各地域の古墳をみると、後円部が三段であっても前方部が二段であったり、両者とも二段であることが多い。円墳や方墳にしてもしかりである。各地域で最も大きな古墳であってもかならずしも三段築成とはならないのである。こうした意味を考えていくと、昼飯大塚古墳の三段築成は近畿地方の大王墓と同じ構造を採用している点で重要といえる。

　中司照世はこうした段築を重視する古墳研究者の一人であるが、三段築成の古墳が所在するところと、天皇家に何々娘を妃に出したという伝承があるところが一致するということを指摘している。

墳丘とその規模

　ここで各段の規模を記しておこう。

　まず後円部である。第一段目は高さ二・二メートル、直径九六メートル、傾斜角度二五～二八度。第二段目は高さ三・八メートル、直径七七メートル、傾斜角度二三～二五度。第三段目は高さ六・八メートル、直径五五メートル、傾斜角度一二度～二六度となっている。

　次に前方部である。第一段目は高さ二・二メートル、傾斜角度二五～三〇度。第二段目は高さ三・四メートル、傾斜角度二三～二五度。第三段目は高さ三・九メートル、傾斜角度二六～二八度となっている。

　このように第一段目と第二段目そして第三段目の高さの比率は、一対一・七対三となり、第三段目の斜面長が長く、傾斜角度がそれ以外よりもゆるいことが特徴であろう。

また、もう一つ重要な点は調査で得られた各段の葺石の基底レベルが、比較すると後円部側と前方部側でほぼ等しくなっていることである。全体的に地形の傾斜があるにもかかわらず、水平にしていく盛土作業が、昼飯大塚古墳の墳丘型式と密接にかかわる問題でもあることは先に指摘したとおりである。

こうした墳丘構造は古墳時代前期後半から中期前半にかけて完成されたと考えられており、倭王権に昼飯大塚古墳の築造者も敏感に反応したことを築造法からも読みとることができた。

段築と基台（壇）

墳丘構造で指摘しておきたい遺構がある。それは葺石を葺かない低い段の存在である。今のところ前方部では未確認であるが、くびれ部付近の後円部側には幅二〇《センチ》、高さ一〇《センチ》ほどの低い壇が検出されている。本書ではこれを「基台部」とよんでおくが、基台部は古墳造営にあたって最初の割付にあたり、地山を削り出したものである。

この基台部が検出された範囲は調査区のわずかな範囲のため、墳丘全体のなかでどれだけ確認できるかは不明であるが、このことによって地山を削る過程にも段を意識したことがわかる。

ところで、各地の古墳を歩いて観察すると、周濠（周壕・周溝）をもつ古墳の場合、周濠の上端の高さと墳丘の第一段目の平坦面の高さが、ほぼ同じである古墳をみかける。これは周濠を掘削したとき、墳丘側の地山を第一段目としてみせる意図があるとして、みかけ上の「段築」と理解できる。しかし、これを墳丘の第一段目とみるか、あるいは地山を整形した基台部とみるかで、墳丘の段数が異なってくる。

今のところ研究者の間で統一されているわけではないが、「〇段築成の古墳」と表記されている場合、一度自分で観察して確認しておく必要があろう。私は地山を墳丘に利用していても、葺石を備えていればそれを段築として数える立場にたっている。それは地方の古墳において、葺石が古墳を構成する重要な要素と考えているからである。

ちなみに岐阜県揖斐郡大野町にある野古墳群では、低い段が古墳の最下段にめぐることが発掘調査で確認されている。主要な前方後円墳のほとんどにこうした段が観察され、相互の古墳に共有されていることから、私は古墳築造上における強い紐帯を表象しているものと読んでいる。このように些細な構造上の特徴が、じつは古墳を分析する上では重要な鍵を握っていることもある。

短い前方部

昼飯大塚古墳の平面形をみると、後円部の大きさにくらべて、前方部が短い。後円部径が九六メートルに対して前方部長は六二メートルで、比率は一対〇・六四となる。つまり、後円部径の半分強の長さしか前方部がないわけで、通常の前方後円墳にくらべるとやはり前方部が短いといえる。

こうした特徴をもつ前方後円墳は、じつは東海地方において愛知県犬山市青塚《あおつか》古墳、愛知県幡豆《はず》郡吉良《ぐんきら》町正法寺《しょうぼうじ》古墳、三重県松阪市宝塚《たからづか》一号墳などでも認められ、いずれも昼飯大塚古墳が築造された前後の時代に登場している。さらに、これらの古墳は尾張、三河、伊勢といった旧国単位で最大規模の古墳という点も昼飯大塚古墳と一致して注目できる。

周濠

もう一つ忘れてならないのは、墳丘を区画し外部から遮断する周濠の存在である。私たちはこの周濠があたりまえのように古墳に備わっていると思いがちである。しかし、各地の古墳を調べていると、じつは周濠はかならずしもあるとはかぎらない。もちろん山頂や丘陵上にあるような古墳には周濠はないが、この場合だと区画するための溝が丘尾切断の結果として存在することは多い。

岐阜県の大型前方後円墳として知られる各務原市の坊の塚古墳（墳丘長一二〇メートル）では、発掘調査の結果、浅い区画状の窪みしか認められなかったし、青塚古墳（墳丘長一二三メートル）でも同様で、矢道長塚古墳でもしかりである。おそらくこの地域の平地に築造された前期古墳は「掘り下げる」溝よりも「区画する」程度の意識しかなかったのかもしれない。

図25　地山を深く掘り下げた周壕＜第３次＞

それが昼飯大塚古墳の場合では、南側くびれ部付近において硬い粘質土（地山）を約二メートルも掘り下げて周壕を形成していた（図25）。このことは掘削技術や労働力の結集という意味以上に、墳丘の周囲に深い窪みをめぐらすという行為が、古墳の築造とともにこの地に波及した結果として重視すべきであろう。

周壕の意味を考えると、浅い区画から深く掘削することでいっそう墳丘に近寄ることができなくなり、墳丘との間に「結界」ともいえる空間が強調される。昼飯大塚古墳が築造される以前にも多くの古墳が営まれていたなかで、掘削周壕はみあたらず、昼飯大塚古墳の周壕が古墳築造上からみてもこの地域では初の本格的な周壕といえる。

陸橋はあるか

北側の水田では探査とボーリング調査の結果をつきあわせたところ興味深いことがわかった。それは水田のところに「陸橋」、すなわち渡り土手状の遺構が埋まっているのではないか、と指摘されたことである（図26Ｂ２）。

じつはこの位置は、かつて名古屋大学が行った第一次調査の第一トレンチのところに相当する。当時ここで周壕と推定できる落ち込みは検出できなかったし、第七次調査で実施したボーリング調査においても同じ結果であった。おそらく陸橋上を調査していたためであろう。

このように周壕内にあるような陸橋の確認は、面的に調査しないかぎり発見することはむずかしい。しかし、今回は発掘調査と物理探査を相互に

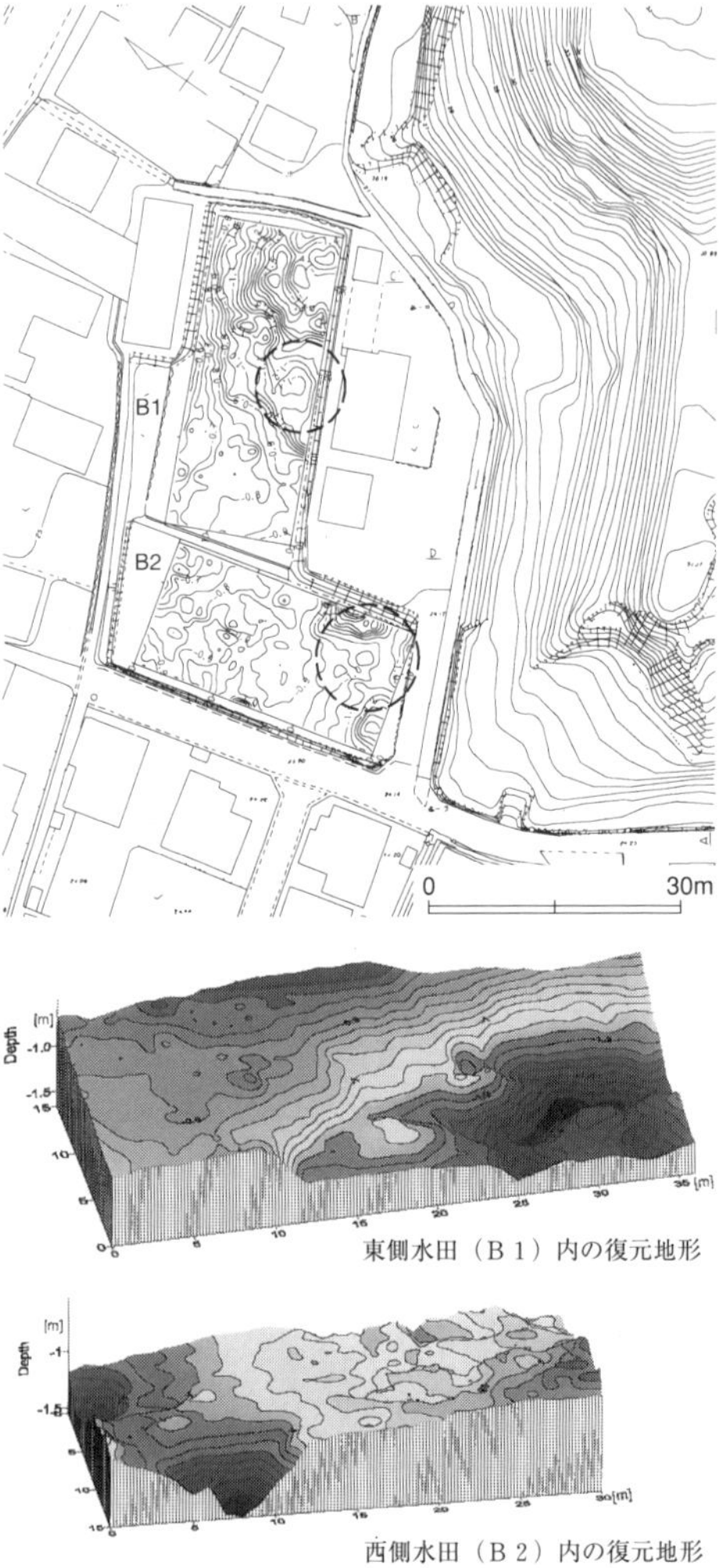

東側水田（Ｂ１）内の復元地形

西側水田（Ｂ２）内の復元地形

図26　周壕（北側）内の地形と３次元表示

検討した結果、明らかにできた成果の一つといえる。将来機会があれば、この範囲を調査し陸橋を検出してみたいものである。

また、探査結果では周壕内にもう一つ奇妙な高まりの痕跡をとらえた。それは陸橋の推定箇所よりやや東側にあって、墳丘くびれ部の近いところに位置している（図26Ｂ１）。それは墳丘まではつづかず途中で切断されているようにもみえるが、陸橋の痕跡なのかあるいは特別な突出部なのか現状ではわからない。ただ、奈良県北葛城郡広陵町巣山《すやま》古墳や大阪府藤井寺市津堂城山《つどうしろやま》古墳の周濠内に見られる島状遺構にむすびつく可能性も否定できない。

周壕の調査は意識的に調査方法や研究視点を開拓していく努力が必要で、今後の研究動向によってもさらに注意を払うべき遺構といえる。

2　葺　石

葺石の施工（図27・28）　さて、昼飯大塚古墳の墳丘各段の斜面には葺石が備わっていた。調査したいずれの場所からも部分的に残った葺石が検出されたのである。完成当時はおそらく墳丘全体が石の山のようにみえたことであろう。

葺石はみかけよりはるかに頑丈で、検出した葺石の上を素足で歩いてもびくともしなかった。復元された前方後円墳で有名な兵庫県神戸市五色塚《ごしきづか》古墳の葺石は、本来の葺石を露出させているものと整備のときに新たにはめ込んだ葺石が混在する。震災のときに崩落しなかったのは、整備のときに葺いた葺石ではなく、古墳時代の葺石だったと聞く。このように葺石の施工においても、盛土とともに当時の技術水準の高さを知ることができる。

さて、このような技術で葺かれた葺石は、一定の区画のなかを充填するかのごとく、単位を意識しながら葺かれていた。こうした施工は他の古墳でも認められるところであり、同じ技術が広く列島に拡散し、各地で受容されたことを物語る。

この施工単位というべき区画内を観察すると、石材の違いとともに石の使い方が微妙に異なっているのがわかりはじめてきた。大きな墳丘であればあるほど、それは顕著であったに違いない。

古墳の葺石を数多く観察している京都府山城郷土資料館の橋本清一によれば、こうした違いは畿内から派遣されてきた葺石指導者のもと、地元の施工を担当した集団の違いを反映しているものだという。

もちろん石材の違いは葺石採取地との問題ともかかわるが、墳丘各所で施工される葺石はその範囲によってある程度それぞれのもち分が決められ、葺石を並べていく上でそれぞれの集団の「くせ」が現れているのだという。

葺石は一平方メートルに平均二〇〇個ほどの石が使われているので、このことを参考にすれば全体に使われた葺石は膨大な量となる。これだけの葺石を墳丘に施工していくことを考えれば、集団が「施工単位」と連動していることは想像に難くない。

葺石はどこから運んだか

さて、葺石に使われた石はいったいどこから運ばれてきたのだろうか、これについて橋本は次のように分析する。まず発掘でみつかった葺石一つ一つの岩石名、寸法、重量、円磨度、風化度などの特徴を調べ、さらに付近を流れる河川の現河床および旧河道の河床礫と比較することで採取地を絞り込もうとした。

後円部南２段目（第20トレンチ）＜第９次＞

後円部北２段目（第13トレンチ）＜第７次＞

後円部東１段目（第19トレンチ）＜第９次＞

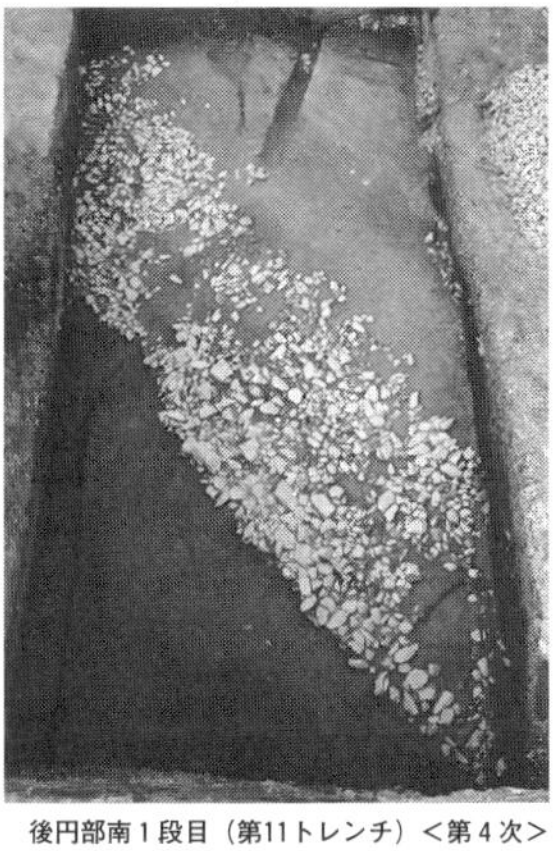

後円部南１段目（第11トレンチ）＜第４次＞

後円部北２段目（第14トレンチ）＜第５次＞

後円部南１段目（第11トレンチ）＜第４次＞

図27　後円部の葺石（トレンチの位置は図22を参照）

前方部南３段目（第６トレンチ）＜第３次＞

くびれ部南２段目（第18トレンチ）＜第７次＞

前方部北２段目（第７トレンチ）＜第３次＞

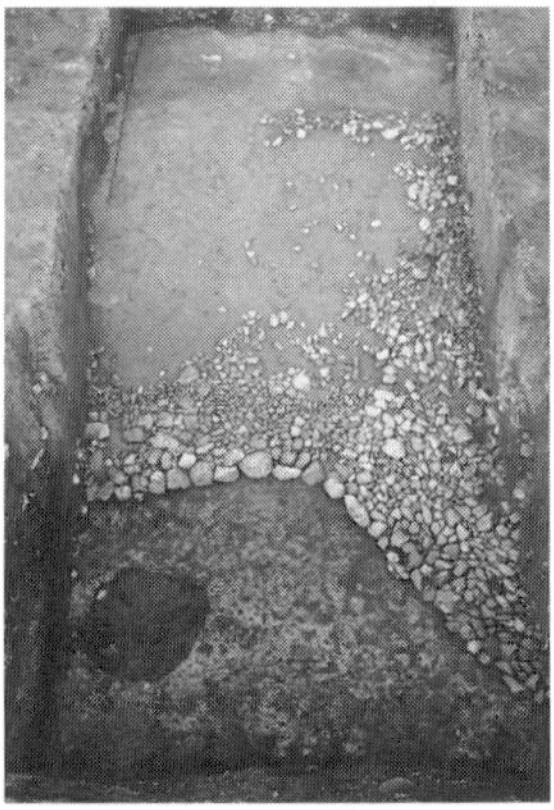

くびれ部南１段目（第15トレンチ）＜第６次＞

前方部北２段目（第７トレンチ）＜第３次＞

くびれ部北２段目（第26トレンチ）＜第10次＞

図28　前方部・くびれ部の葺石（トレンチの位置は図22を参照）

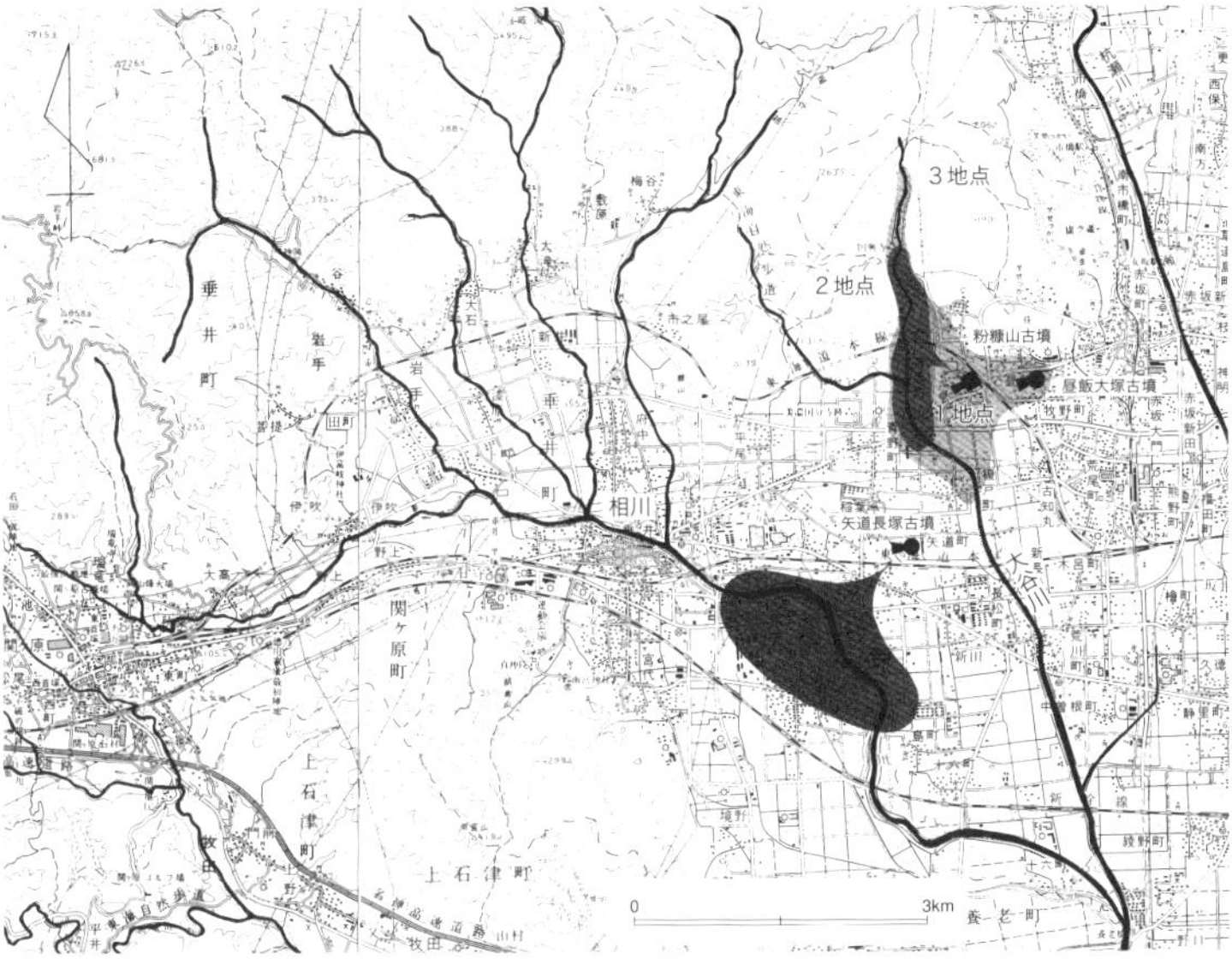

図29　推定される葺石の採取地

第七次調査までの分析では、葺石の岩石名の割合は全体的にみると砂岩が五二〜九八％、チャート〇・二三％、頁岩—粘板岩〇・六％、珪質頁岩—珪質粘板岩〇・九％、石灰岩および苦灰岩〇・五％、脈石英〇・四％、ホルンフェルス一％、珪岩一％、花崗岩質アプライト〇〜二％とわかった。圧倒的に砂岩が多い。これらのほとんどの岩石は、地質学上の「美濃帯」（美濃—円波帯ともよばれている）に含まれているといい、採取された石がそのまま墳丘の葺石に使われたのではないかと橋本は解釈している。

円磨度では、墳丘のところどころの葺石で少しずつ違いが現れた。たとえば、最も多い砂岩で比較すると、角張った山石にみえる亜角・亜円などは前方部やくびれ部の基底石に多用され、丸い川原石は後円部東側に多くみられた。さらに、後円部を中心に調査した第九次調査の結果からは、南側に角礫、北側にまるみのある石が目立った。同じ古墳でも場所によって円磨度の違いが認められたのである。

なお、川原石のほとんどは現在古墳の近くを流れる大谷川の各所から採取・運搬されてきた河床礫だと結論づけている。この大谷川からは粉糠山古墳の葺石も採取されており、当時の古墳築造にあたってじつに多くの石材がこの川から運び出されたといえる（図29）。

葺石の役割

葺石の果たす役割を「墳丘が崩れないため」とよく耳にする。それは一つの効果には間違いない。しかし、各調査区で発掘調査を進めていくうちに、「本当にそれだけであろうか」と疑問をもつようになった。

各地の古墳をみていくと、葺石や段築を採用しない古墳は多い。たとえば栃木県大田原市上侍《かみさむらい》塚《つか》古墳、下侍塚《しもざむらいつか》古墳の前方後方墳では、高さ九〜一一メートルに及ぶ急斜面の後方部にもかかわらず、段築はみられず数百年間崩れていない。一方、奈良県のオオヤマト古墳群においても天理市ノムギ古墳などは葺石や段築がない。

大垣市内の古墳をみてみると、昼飯大塚古墳をはじめ、花岡山古墳、矢道長塚古墳、粉糠山古墳、遊塚古墳などのほとんどの有力首長墓には葺石が認められ、反対に美濃のなかの墳丘長約四〇メートル未満の古墳の多くには葺石がみあたらないことに気がつく。

このように地域の古墳を細かくみていくと、葺石はかならずしもすべての古墳に採用されるものではなく、地域間での差や首長の政治的な序列にも影響を受けたようである。どうやら葺石は土木工学的な意味だけで採用されているわけではなさそうである。

さて、葺石に加え、古墳の外部施設を構成する一つに埴輪がある。次に昼飯大塚古墳を飾るもう一つの外表施設、埴輪を取り上げてみたい。

3　埴輪列

墳丘の埴輪列

昼飯大塚古墳では事前調査で述べたように、埴輪の破片が後円部頂ではドーナツ状に散布していたことから、外周する埴輪列の存在が推測できた。実際のところ、発掘調査の結果でもこのことを裏づけるように後円部頂に外周埴輪列が認められた（図30）。また前方部頂の埴輪列についても、散布する埴輪片などからその存在が推定され、第一〇次調査においてそれを明らかにしている。

一方、墳丘においてもこれまでの調査によって埴輪が各段の平坦面に並べられていたことが明らかになっている。その配置の間隔をみると、前方部とくびれ部では第一段目で約八〇《セン》《チ》、第二段目では三〇《セン》《チ》と、墳丘の上部にいくにつれて狭くなっている。埴輪の配列はどうやら墳丘の場所によっても違いがあるようである。

こうした墳丘上の埴輪列の詳細な配置については、トレンチ調査という制約のためわからないところが多いが、後円部頂の埴輪列と前方部頂につながる「スロープ」部の埴輪列は、さいわい具体的にわかっている。次は昼飯大塚古墳を特徴づける後円部頂とスロープ部の埴輪列を詳しくみていくこととする。

後円部頂の埴輪列

後円部頂では直径二〇《メー》《トル》の円を描くように埴輪が配置されていた。後円部頂の直径が約二三《メー》《トル》であるので、まさしく墳頂の縁にめぐっていたのである。

ここでみつかった埴輪は合計五六本あった。しかし、なくなったところを含めて推測すると、実

図30　後円部頂の埴輪列<第５次>

際にはその三倍の約一五〇本が並べられたと考えられる。発掘調査によって姿を現した埴輪はすべて上部を失い、底部をわずかに残すものであったが、長い間竹藪のなかでかきまわされていたわりには、よく遺存していたものだと驚いた。

しかし、発掘調査ではこの竹根に悩まされた。埴輪がみつかるとそこから周囲の土を少しずつ掘り下げていく作業になるが、鉈のような根を切る大道具と細い根を挟み切る小道具を巧みに使い分ける必要があった。炎天下でこうした埴輪の検出作業をすることは、忍耐と根気強さが求められた。一つの埴輪底部をきれいに仕上げるのに数日間要したこともある。まさに竹根との格闘の日々がつづいた。そして後円部頂の埴輪列をすべて検出するまでには、一九九六年から一九九九年までの四カ年間を要した。

発掘調査で顔を出した埴輪は底部だけであった

後円部頂とスロープ部の埴輪列

北列の埴輪

南列の埴輪

図31　スロープ部の埴輪列＜第７次＞

ものの、隣の埴輪と接するがごとく間隔は狭かった。埴輪全体を復元すると腰の高さぐらいまであったと思われるので、築造当時はまさに垣根のような姿にみえたことであろう。

なお、これらの埴輪にはわずかながらも赤い顔料が観察された。おそらく魔よけのために赤く塗布したものと考えられるが、このように赤く塗った埴輪がぐるりと後円部頂をめぐる様相は、まさに古墳の外側と内側を遮断する「結界」の役割を果たしたに違いない。

後円部頂の調査は、その中心を基点として四方のブロックを仕切り、便宜上、南東区をSE区とし、時計回りにSW区、NW区、NE区としている（図22参照）。発掘作業段階で確認できた埴輪は順番に番号をつけ、SEではNo.1〜6、SW地区ではNo.1〜19、NWではNo.0〜23、NEではNo.1〜8となっている。

スロープ部の埴輪列　スロープ部は普段古墳を見学する際、前方部頂から後円部頂へと登るところにあたる。ここでみつかった埴輪列によって、この空間がまさに「前方部頂と後円部頂をつなぐ通路」であることを証明した。

ここでの埴輪列は、調査区のなかで幅三・三《メートル》、長さ約六《メートル》にわたって北列に八本、南列に一本みつかった。なくなった埴輪を考慮すれば、約一三〜一四本が平行して並んでいたと思われる（図31・32）。

埴輪の出土状態は次の点でも興味深い。すなわち、スロープ部は斜面にあたるが、そこに樹立された埴輪もその傾斜に沿って傾いていたと思われるからである。復元すると高さが約七〇《センチ》ほどになる埴輪を、傾けて設置していたとはやや意外な感じもするが、当時それを眺めながらスロープを通った人は、どのように受けとめたであろうか。

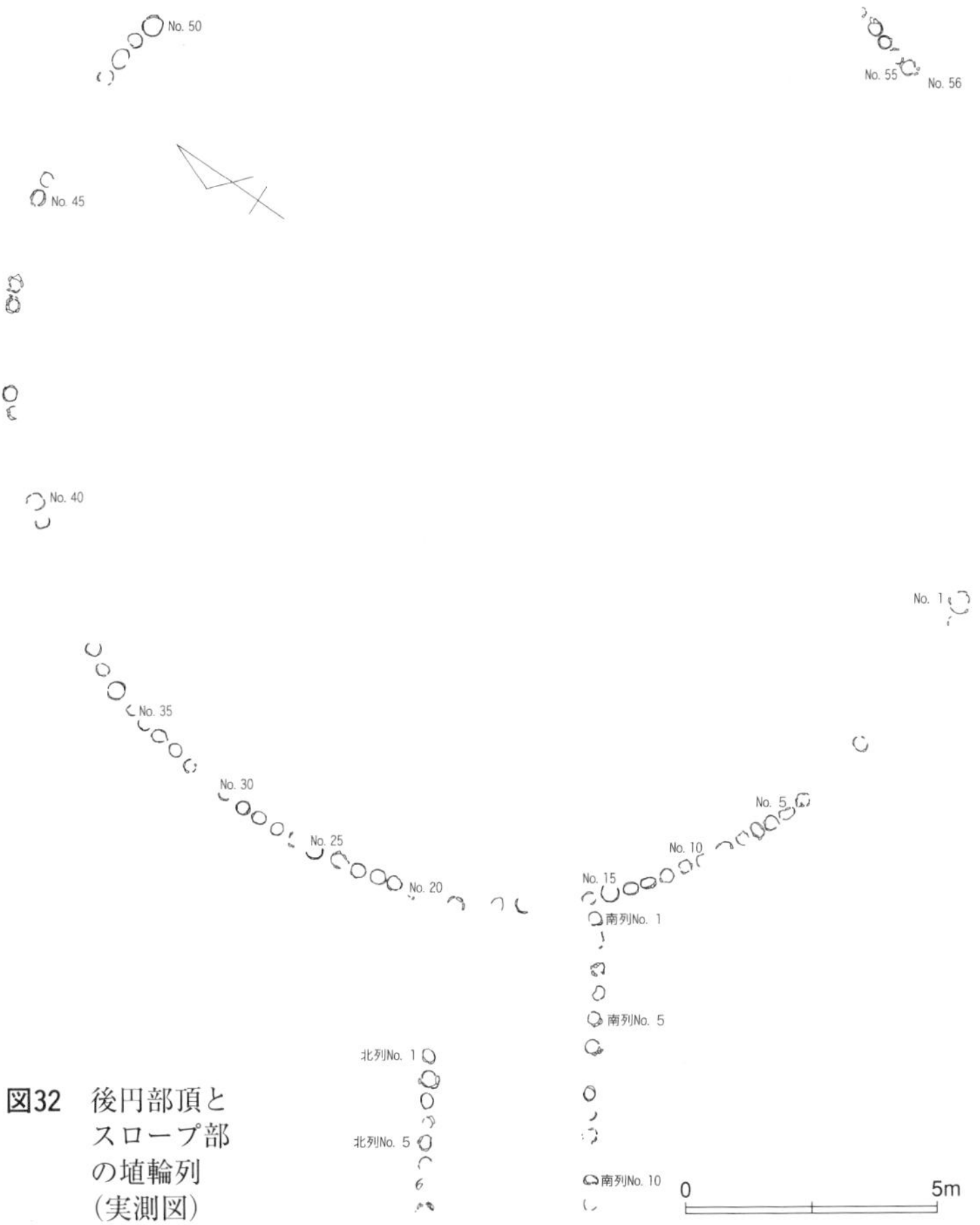

図32　後円部頂とスロープ部の埴輪列（実測図）

また、このスロープ部の埴輪内部からは、小型丸底壺と高坏の脚部片が出土した（図33）。おそらく埴輪のなかに意図的に入れたと思われるが、こうしたさまざまな行為を読みとることができたことは発掘調査ならではの成果である。

さて、スロープ部の埴輪列は後円部頂の外周埴輪列と接続するが、この接続するところにも埴輪列が検出された。つまり、古墳の頂上へ登る通路がここで遮断されてい

図33　埴輪のなかの土師器＜第６次＞

たのである。このことによって後円部頂へは、最終的な葬送儀礼終了後は、ふたたび入ることはできなかったものと考えられる。この様子を見学した花園大学の伊達宗泰が、「埴輪は埋めるものではなく置くものである」と話していたことを想い出す。

外周埴輪列の出入口を封鎖した埴輪と外周埴輪列との前後関係を念入りに調査したが、一部に撹乱があったため、正確にはわからなかった。しかし、いずれにしても後円部とスロープ部の埴輪列は、計画的に配置されていたものと確信した。

埴輪はどのように並べたのか

それではこうした埴輪列はいったいどのような計画にもとづいて配置され、どのような測量によって正円形に配列することができたのであろうか。

これまで考えられてきた埴輪の配置は、埴輪の間隔が空いているような場合は、一つ一つの埴輪を据えつける坑を掘って、そこに樹立することが想定された。また埴輪の間隔が狭く連続するような場合は、坑を一つ一つ掘るのではなく全体が収まるような溝を掘って順次並べていくと考えられていた。

後円部頂の外周埴輪列については、すべての埴輪を取り上げた結果、それぞれの窪みが団子を連ねたような状態で掘り上がった（図34）。一つ一つの窪みを観察すると、深さはばらばらで一定の間隔をおいてやや深い大きめの坑が認められた。これらの痕跡をていねいに観察した京都大学の東

図34　埴輪を据えるための坑
＜第７次＞

方仁史は次のように埴輪の配列を復元した。

まず円形にするために、その基準となるやや大型の埴輪（盾形埴輪か蓋形埴輪）を後円部頂の中心点からみて約三〇度の角度を割り振ってそれぞれ配置する。そしてこれらの間に円筒埴輪を五本ずつ直線的に並べ、これをくり返して最終的に円形にしたと解釈した（図35）。したがって、基準となる埴輪の掘形はやや深く、その間の埴輪の掘形は一個一個別々となり、それゆえ高さを揃える必要から深さもまちまちで、団子状になっているのではないかと説明したのである。

この東方案であれば中心点から同じ距離に基準埴輪を置くため、コンパスのように円を描く必要はない。円くみえた埴輪列は、じつは正多角形を呈していたのである。

約一五〇本もの埴輪を配列していく作業は、想像以上に綿密に測量された結果であり、単純作業ではなかったのである。複数の埴輪をどこにどのように配置するか、これも偶然ではなく意図的な行為だと考えるにいたっているが、このことは第Ⅵ章の埴輪の分析においてふたたび触れることにしよう。

埴輪はいつ並べたか

もう一つ埴輪に関して重要な問題提起があった。それは埴輪がいつ並べられたのかという問題である。

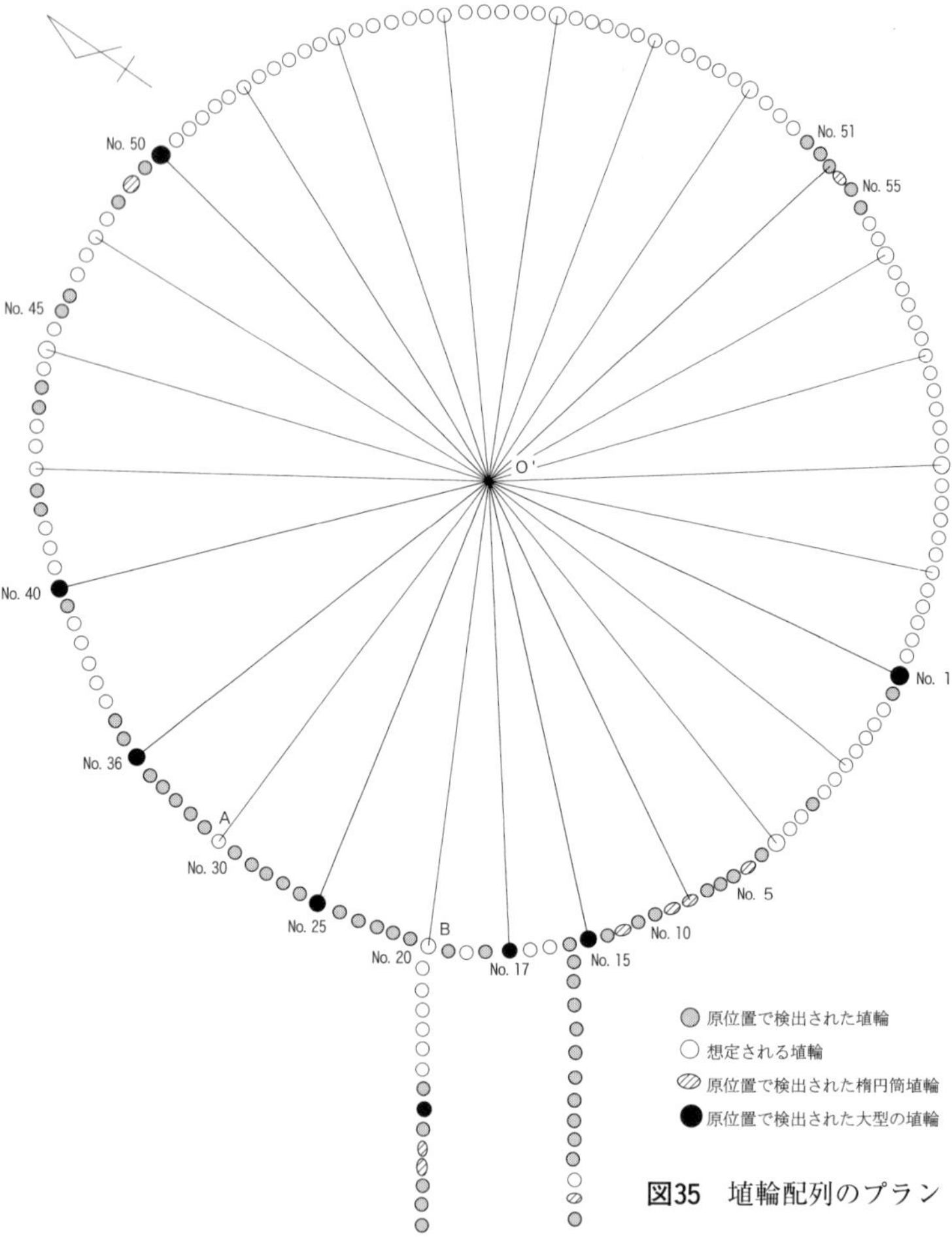

図35　埴輪配列のプラン

これまでは、まず墳丘がかたちづくられ、そして斜面に葺石がすべて葺かれて、埋葬が行われる直前に並べられたと推定されてきた。しかし、この手順がすべての古墳にあてはまるのかどうか、これまで調査を行ってきて疑問を膨らましている。それは次のような経験からである。

一つは、後円部頂を調査した際、攪乱

① SW 区

② SW 区

③ NW 区

④ NW 区

図36　埴輪の調査風景　後円部頂〈第５次〉

がないにもかかわらず、埋葬施設を設置した墓壙内部から埴輪片（底部片を含む）が出土したことである。二つめは、墳丘調査の際、葺石間や下層から埴輪が混ざって出土し、これらの埴輪片を取り除いたときには葺石がなくなってしまったことからである。

前者からは墓壙が埋められるときには、近くに埴輪がすでに置かれていたことが、後者からも墳丘斜面に葺石がすべて葺かれる前にある程度の埴輪が樹立していたことが想起できる。

いずれにしても埴輪が墳丘完成後や埋葬終了後にすべて配列されるという先入観は避けなければならない

と考えている。そして今後は埴輪の配列を、墳丘の築造過程と葬送儀礼との関係からも説明ができるように調査を行うべきだと感じている。

4 古墳築造後の墳丘利用

さて、後円部へ記述を進める前に、墳丘上で確認できた他の遺構や遺物について触れておきたい。一つは埴輪棺、もう一つは土師器皿の集積である。いずれも南側くびれ部の第一段目平坦面で確認されたものであるが、これらを分析することで、古墳の築造後墳丘がどのように扱われてきたのかを知ることができた。

埴輪棺が確認されたのは、いずれも第一一トレンチで、埴輪棺1と埴輪棺2は隣接しており、埴輪棺3はそれらと埴輪列を挟む位置にあった（図37）。いずれの埴輪棺内部からも人骨や副葬品はみつからなかったものの、出土状態から埋葬用と考えられた。棺として使われた埴輪は、いずれも昼飯大塚古墳に並べられた埴輪と考えられ、ほかの古墳から持ち込んだり特別につくられた埴輪ではないとみている。

埴輪棺1 埴輪棺を収めた墓壙の大きさは長軸約一四〇センチ、短軸八〇センチ、深さ約四〇センチで、その内側に棺を設置するための長軸九〇センチ、短軸四五センチの掘り込みが確認された（図38）。棺は四条突帯五段の円筒埴輪を口縁を西向きにして横に置いたもので、小口側には閉塞するための石が立てられていた。さらに、埴輪の透かし部分を、別の楕円筒埴輪の口縁部を割って覆っていた。

埴輪棺2 埴輪棺1のすぐ隣で確認されたもので、墓壙の大きさは長軸八〇センチ、短軸四〇センチ、深さ一七センチであった（図38）。棺に用

埴輪棺 1・2

埴輪棺 1

埴輪棺 3

図37　墳丘くびれ部でみつかった 3 つの埴輪棺<第 7 次>

いられた埴輪は、縦に三分割した円筒埴輪を三重にも重ねて覆っていた。

埴輪棺3

埴輪列の外側でみつかったもので、先の二棺と距離をおく。墓壙の大きさは長軸一八五センチ、短軸五五センチ、深さ四〇センチで、使われた埴輪は四本と多い（図38）。検出したときには、これらの埴輪の上を割石が覆っており、この割石を外してはじめて埴輪棺であることがわかった。

埴輪棺に埋葬されたのは誰か

さて、こうした墳丘上に配された埴輪棺群をどのように理解したらいいのだろうか。このことについて大阪大学

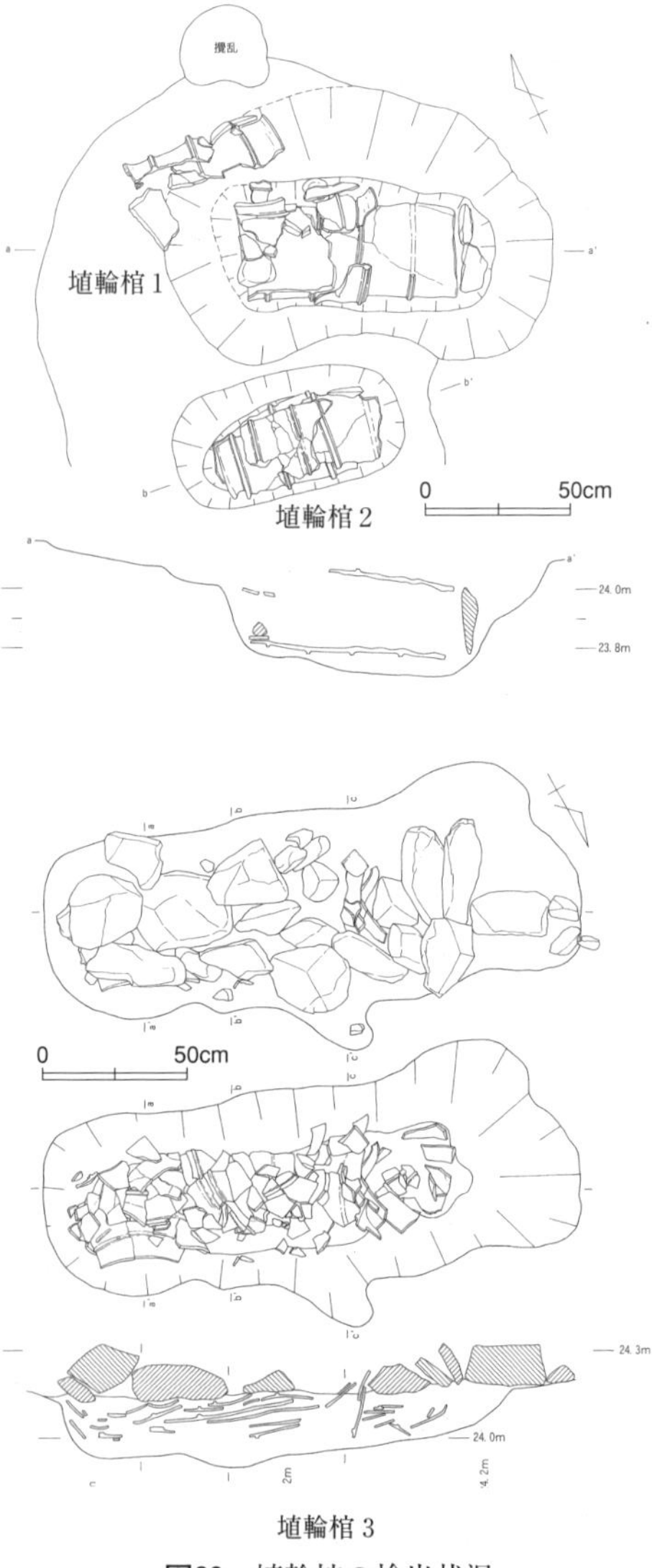

図38　埴輪棺の検出状況

図39　埴輪棺に用いられた埴輪群

の清家章は次のように推論する。
埴輪棺はそもそも弥生時代の墓にみられる周辺埋葬墓に系譜が求められるようだ。昼飯大塚古墳で埴輪棺がみつかった場所は、後円部頂の埋葬空間から離れていることから、同一集団の近親者であっても墳頂部から排除されたグループではないかと考えた。
さらに、一般的にみて周辺埋葬墓は未成年の埋葬事例が多く、埴輪棺の長さもこれに当てはまることから、埴輪棺に埋葬された人物は後円部の被葬者のいずれかの子弟である可能性が高いという。いずれにしても埴輪棺は岐阜県ではじめて確認された事例であり、近畿地方からの葬制の波及としても興味深い。

土師器皿の集積　もう一つは中世に属する土師器皿の集積である。埴輪棺がみつかったのと同じ調査区のやや上層で計五カ所で確認された。
それぞれをみると礫の集積に混じって八点出土したもの（図40）、礫の上下から二点出土したものの、浅い土坑から八点出土したものがあり、数量と出土状態に違いが認められた。しかしながら、

図40　土師器皿出土状況＜第７次＞

これらの集積は検出状況からみてほとんど時期差がないと判断している。

この土師器皿を分析した富山大学の中谷正和によれば、大きさやつくり方からみて十二世紀後半から十三世紀初頭につくられた一括品と考えられるという。したがって、これらの土師器皿は古墳築造後の中世になって、古墳を対象にしたなんらかの祭祀行為にともなって使用されたものだと考えられる。

古墳の調査や研究というと、どうしても「古墳」そのものを対象としがちであるが、その後どのように古墳が取り扱われてきたのか、時代による変化を探る視点も必要である。横穴式石室の内部から出土する中・近世の遺物には注意が払われることは少なくないが、前方後円墳などの大型古墳にも同様な視点が求められよう。

Ⅳ　墳頂での儀礼

古墳調査の最大の関心事は後円部頂に葬られた被葬者に関することであろう。昼飯大塚古墳の場合には、埋葬施設について明治年間に盗掘を受けたことが記録に残されていたし、その後昭和になってもそのときの坑が残り、くぐり抜けたという話も聞いていた。これらのことから、後円部に設けられた埋葬施設が竪穴式石室である可能性が高いことを事前に予測していた。

しかし、本当に竪穴式石室なのか、石室だとすると後円部頂のどのあたりにどれくらいの深さで埋もれているのか、またどの程度荒らされているのかぜひ知りたいところであった。

一九九六年からは発掘調査を墳丘から後円部頂に進めていた。そのとき私たちは過去に荒らされた伝承があるにもかかわらず、平坦で窪みがないことに気づき、改変はそれほどひどくないのではないか、という印象をもちはじめていた。そのことは事実、埴輪列の遺存からもうかがえた。

そこで調査の方針を、すぐ埋葬施設の調査に入るのでなく、後円部頂の表面情報をなるべく詳しく記録に留めておく方向に切り替えた。先に記した物理探査や散布地調査などもその取り組みとし

図41　後円部頂でみられた礫群＜第４次＞

て行ったものである。ここではそれらの成果を含め、後円部頂のさまざまな遺構についてまとめてみたい。

1　後円部頂の円礫遺構

竹藪で覆われていたときにはあまり気に留めていなかったが、竹を順次切り倒していったとき、振り落ちた笹の間から小さな川原石の円礫が顔を覗かせた。ところによってはそれらが幾重にもあって密集し、まるで石敷かのような様相をみせていた（図41）。

はじめは盛土のなかに含まれていた円礫が、雨水の影響で露出したものかと思っていたが、墳丘の調査を進めていくうちに、墳丘上部には円礫を含む盛土はないことがわかり、これらが意図的にもち込まれたものと考えるようになった。

これらは装飾的な役割のほか、葬送儀礼などに必要なものとして装備された礫ではないかと考え、発掘調査でそれらを取り除く前に、写真や実測図に残すこととした。といっても実際小さな円礫を方眼紙に書き写す作業は、その姿勢も含め炎天下では辛い仕事であった（図42）。

図42　小さな円礫を実測する様子＜第４次＞

これらの円礫を葺石と同様に分析した橋本清一は、河床礫の可能性を指摘した。葺石とは異なるやや小さな礫を古墳北側の周壕下層の堆積物から掘りだし、わざわざ頂上までもち上げていたのである。やはり意味のある円礫なのであろう。調査段階では将来の整備に使うことを考慮し、できるかぎり土嚢袋に詰めて現地でまとめて保管した。

2　後円部頂の形象埴輪

ところで、先に円筒埴輪を含めた外周埴輪列についてはやや詳しく述べた。それは後円部頂において、直径二〇メートルの円形をなして樹立していたものであった。

これに対して外周埴輪列の内側については、わずかに家形埴輪と目される底部と事前調査で把握した形象埴輪の破片から、形象埴輪群がまとまって配置されていたことがうかがえるのみであった（図43）。

当初後円部頂には、三重県伊賀市石山《いしやま》古墳のような方形壇あるいは京都府与謝郡与謝野町蛭子山《えびすやま》

図43　形象埴輪の出土状況<第６次>

古墳のような方形区画があって、それに沿って形象埴輪が規則的に配置されていた可能性を推測していた。しかし、調査ではこうした遺構は認められず、残念ながら具体的な形象埴輪の配置を復元することはできなかった。

ところで、形象埴輪の種類は、過去の採集品そして散布地調査から家、靫、盾、蓋、甲冑形埴輪の破片を確認していた。その後の発掘調査で得られた知見もこれを上回るものではなかったが、破片数の増加によりある程度の個体数やそれぞれの形態を確認することができた。以下、現状で把握しているものを種類別に触れておくが、その場合の数字は個体番号を示している。

家形埴輪（図44）　少なくとも七個体あり、ＮＷ区とする後円部頂北西側から破片が多く確認されている。

家形埴輪１と２は切妻造り、４は入母屋造りの

図44　家形埴輪１

可能性があり、このうち全体像がわかるのは家形埴輪2である。この埴輪は二間×二間の規模で平側に入口をもち、全高八〇センチ、最大幅一三〇センチ、基部で六三×五一センチとやや大型に復元できた。屋根には網代表現がみられないものの、軒先には方形板を表現したあとが残る。

やや異質なものに家形埴輪5がある。NW区の原位置から出土しており、基部の内側には格子状の仕切りがあるほか、折れ曲がる平面部とそこに接合する箱状部の形状はこれまでにみない特徴である。破片には赤色顔料が顕著に付着していることから、昼飯大塚古

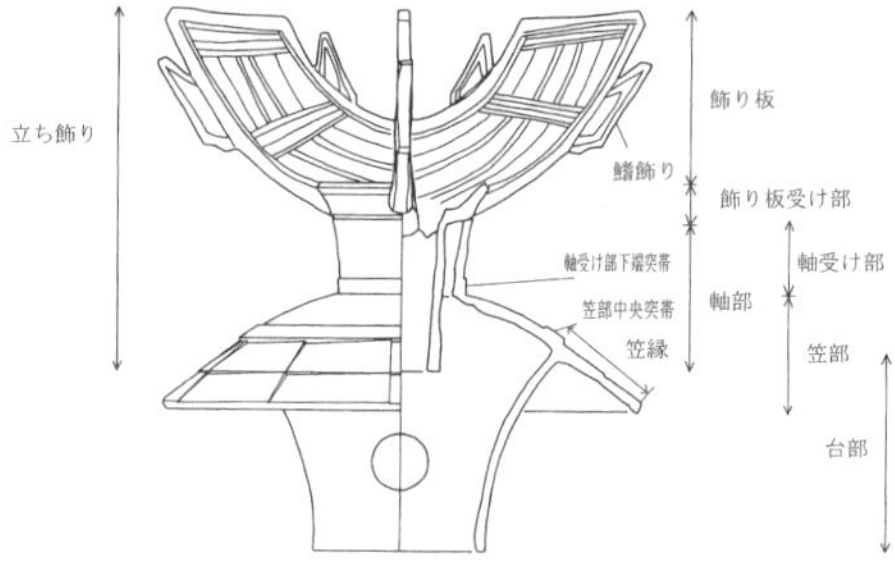

墳の家形埴輪のなかでも中心的な個体であると考えられる。

蓋形埴輪（図45）　後円部頂では六個体、前方部でも破片が確認されている。外周埴輪列では、No.15、25、36、40、50付近から出土し、円筒埴輪とともに外周埴輪列を構成して、盾形埴輪の上部に載っていた可能性がある。復元できるもので高さ八〇センチ、笠部径六〇センチである。笠部は突帯下半部に上下二段にわたり、長方形板を重ね葺く様子を段差表現にて表している。なお肋木《ろくぼく》については、確実な破片をみていない。

これらは笠部の形状と製作技法から大きく二つ

図45　蓋形埴輪1（上）と4（下）

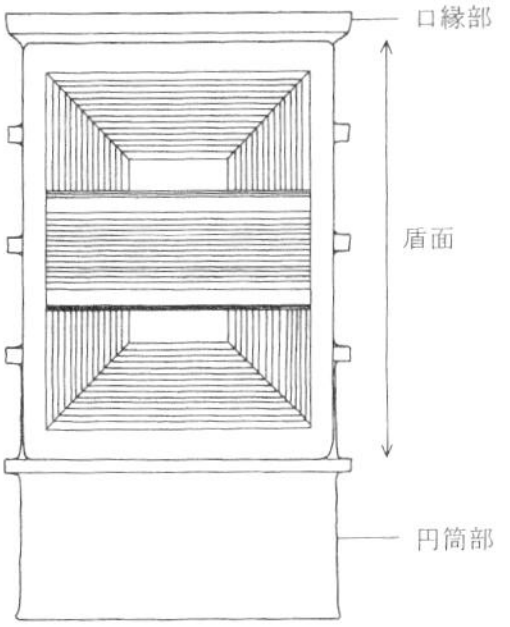

図46　盾形埴輪１

に分類できた。一つは笠縁の角度が深く一枚の板が方形に近いもので（αタイプ）、もう一つは笠縁の角度が浅く、板が横長で幅二〇センチを超えるものである（βタイプ）。二つは胎土も違い、αタイプは円筒埴輪でみる砂礫の少ないA類に、βタイプは砂礫が多いB類に対応している。また、立ち飾りには五線帯文を並べるものと、それに斜め方向の線刻が入る反転鍵手文となるもの、そして中央で二本線を交差させるものの三つのタイプが認められるが、おおむね五線帯文表現であったと思われる。

盾形埴輪（図46）　盾形埴輪は、外周埴輪列を構成するものとその内側に置かれたものがある。外周埴輪としては、No.3〜4、15、25、36、40がこれに該当する。いずれも円筒部から独立した盾面をもち、高さ約五〇センチの一条目突帯上からはじまる。幅は四〇センチと推定され、盾面の文様は矩形線帯対称文に復元できる。NE区から出土した破片は全体像がわからないものの、矢筒部の表現が岡山県久米郡美咲町月の輪古墳でみられる横長の重菱形文をもつ。

この他に靫形埴輪や甲冑形埴輪と思われる破片が出土しているが、全体を復元するにいたっていない。

以上のような形象埴輪は、大和盆地から出土するものとよく類似しており、かの地の工人による直接的な指導あるいは製作が想定される。また家形埴輪をはじめとする形象埴輪群は大垣周辺ではじめての出土で、こうした埴輪祭式が昼飯大塚古墳にストレートにもち込まれたことをうかがわせる。

3　後円部頂の玉・土器・土製品

ガラス玉の発見　一九九六年の夏、後円部頂を掘りはじめてから小さな玉が散らばっていることに気がついた。ある日滋賀県立大学の山口典子が「土のなかからガラス玉が出ました」と声を挙げた。最初は盗掘にともなって石室内部から外にもち出されたものではないかと疑ったが、その場所は探査で推定された盗掘坑の位置からはやや離れていた。

これはひょっとして盗掘によるものではないのではないかと思い、それ以後は手スコで掘り下げるのを止め、竹ベラで土を払いのけるようにして小さな玉を探しはじめた。みつかった玉は将来その出土位置が重要な意味をもつと考えたため、トータルステーションで一点一点測量して袋に詰めた（図47）。文章で書くのは簡単であるが、一メートルメッシュに仕切ったなかで、一人一人が炎天下のもと一日に何度も何度も同じ場所をくり返し玉を探す作業は、言葉で言い表せないほど辛かった。

この作業は二カ年におよび、探し出した玉は一千点あまりとなった。散布地調査と同様この地味な調査記録は、その後墳頂で行われた儀礼を明らかにする重要なデータとなった。

図47　玉を探して記録する作業＜第５次＞

墳頂の玉

みつかった玉の種類はガラス玉の他、滑石製の勾玉、管《くだ》玉《たま》、棗玉《なつめだま》、算盤玉《そろばんだま》、臼玉《うすだま》のほか、碧玉製の勾玉や管玉があった（図48）。最も多いのが滑石製の臼玉で約三千個を数えた。

現地の作業ではどうしても見落とすことがあるため、念のため掘り上げた土はすべて土嚢袋に詰めて保管し、調査後に水洗選別を行った。ちなみに水洗いをした袋は約三千袋であったが、作業には延べ六人が携わり、土を篩にかけては一つ一つ石をはじきながら玉を探した。

水洗選別の作業は一九九七年より約四カ年つづいたが、ときには夏休みの子ども教室でこの作業を手伝ってもらった。桶のなかでガラス玉や勾玉をみつけたときの子供の笑顔は今でも忘れられない光景である。

このときにみつかった玉には赤色顔料が付着しているものがあり、これらはおそらく盗掘の際に飛び散った可能性が高いと考えた。しかし、赤色

表2　玉の種類とその特徴

■勾玉（234点）

１点の翡翠製を除いて、すべて滑石製である。長さは10.4㎜から20.5㎜の非常に小さなものである。緻密質な勾玉のほとんどが、後円部頂の北東（ＮＥ区）から出土しており、表面には赤色顔料は見られない。

■管玉（55点）

石材には碧玉、緑色凝灰岩、滑石がある。このうち緑色凝灰岩のものが最も多いが、滑石製の管玉は先の緻密質な勾玉と出土範囲が一致する。

■算盤玉（76点）

１点だけ水晶製のものを含むが、残りはすべて滑石である。長さは2.4㎜から7.1㎜と幅をもつ。

■棗玉（155点）

すべてが滑石である。長さは12㎜以下のものとそれ以上のものがある。

■臼玉（3554点）

すべてが滑石である。長さが５㎜以下を臼玉、６㎜以上を棗玉とした。628点が後円部頂で把握したものであるが、大半は水洗選別での作業により取り上げられた。

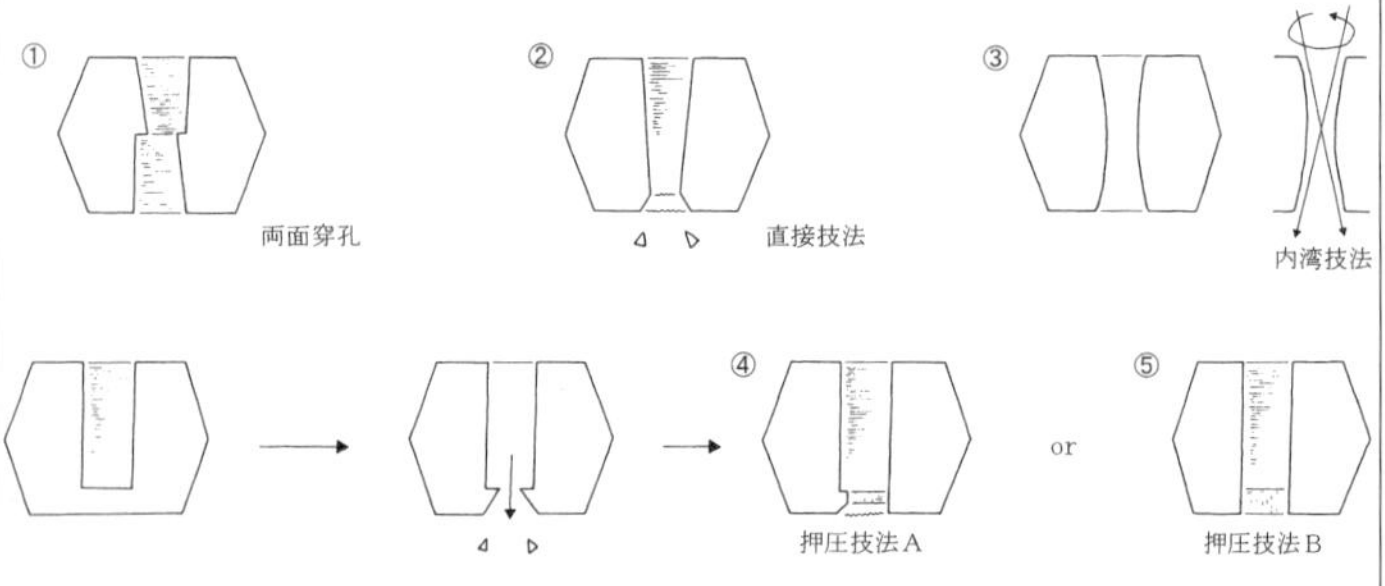

臼玉の穿孔技法

■ガラス玉（338点）

青～緑色を呈するガラスである。長さは2.0㎜から6.4㎜と小さい。それ以外に紫紺色のやや大きめのガラス玉６点があり、長さは5.2～8.3㎜を測る。

これらはガラスの中空の管状にした後に裁断する「引き延ばし技法」により製作されたものと思われる。

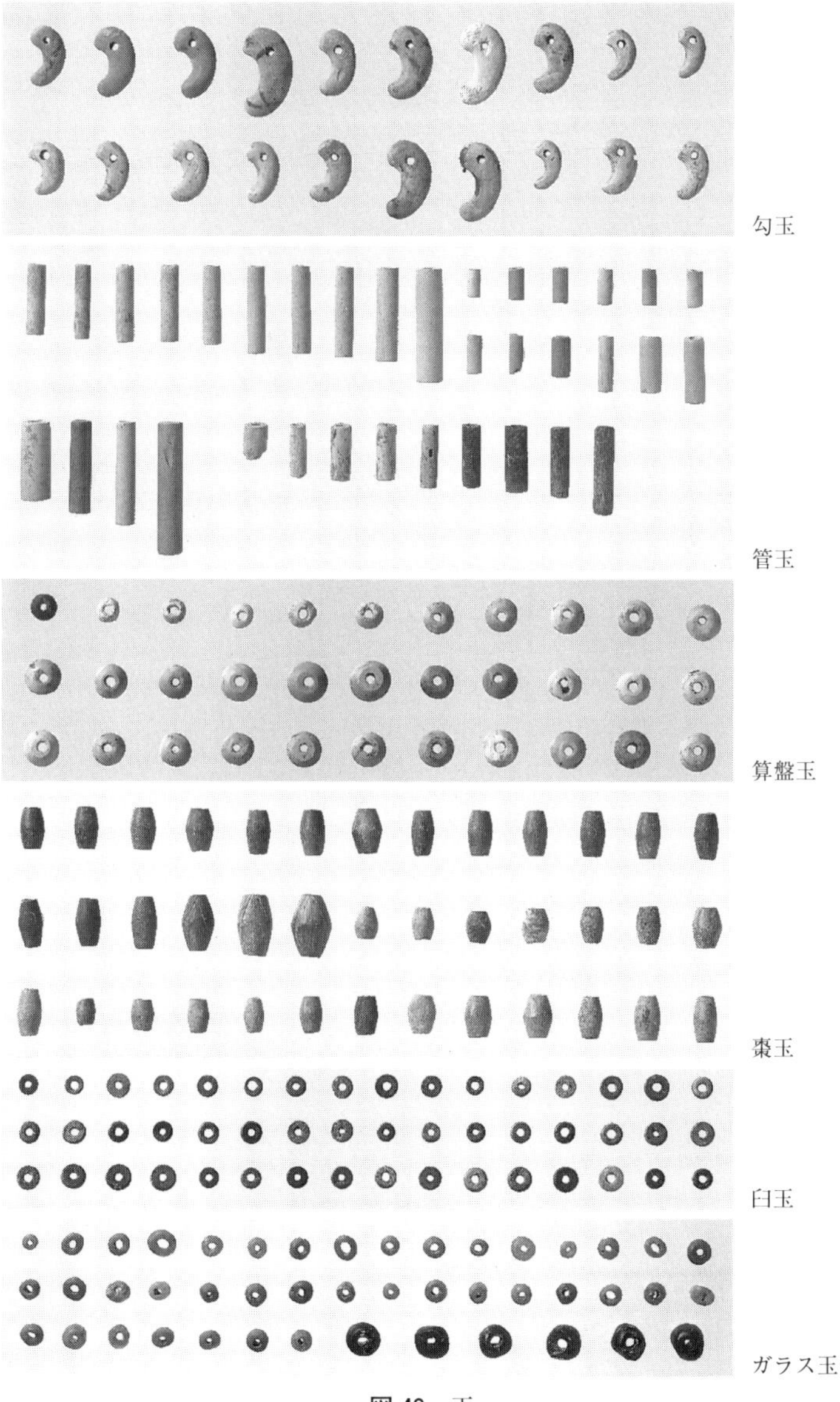

図48　玉

図49　土器の出土状態＜第６次＞

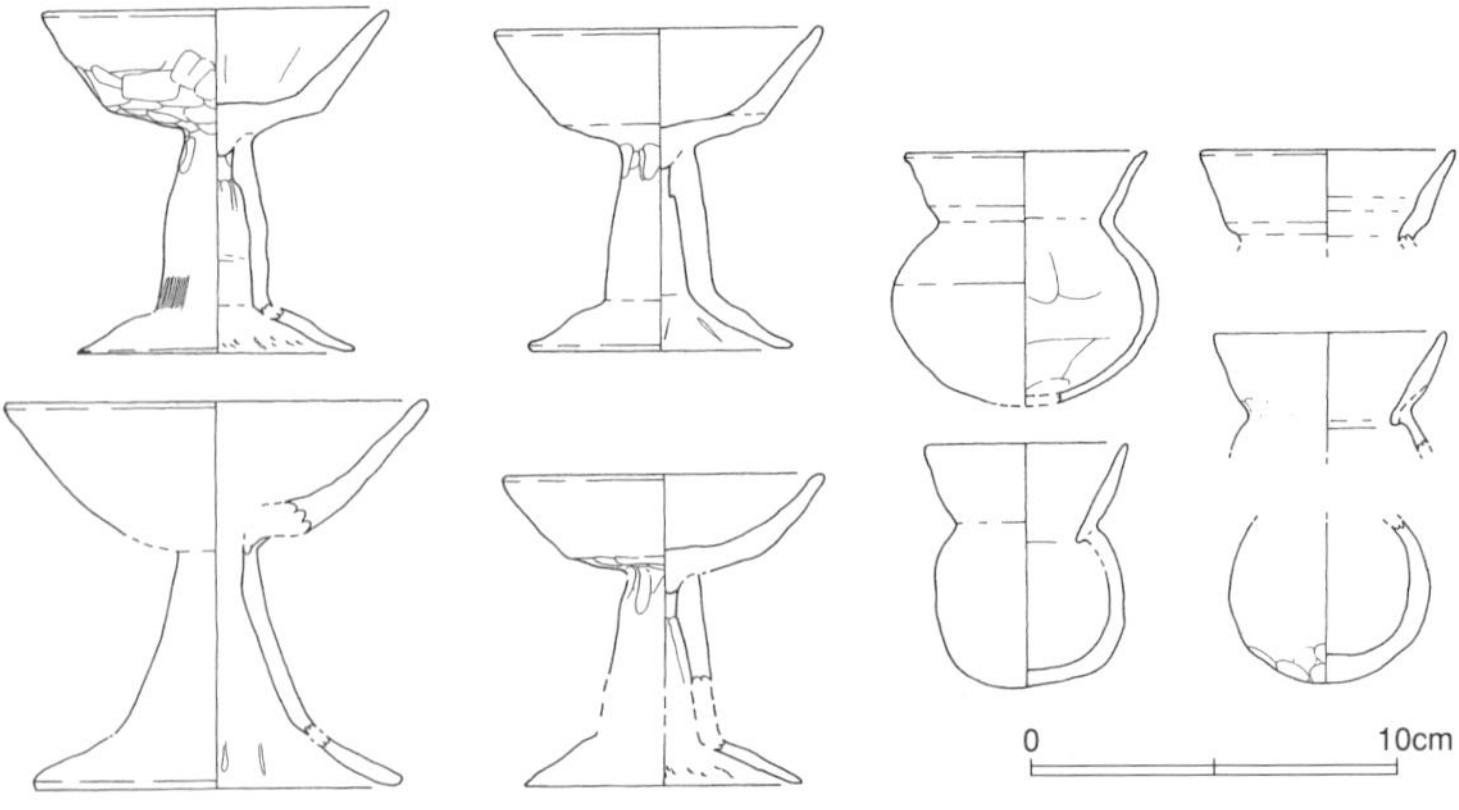

図50　土師器

顔料がみられない一群もあって、これらは副葬品としての玉ではないと考えるようになった。

多量にある高坏

多量の玉と同じく後円部頂からは土師器の破片が多数確認され、これらもできるだけ位置情報を記録しながら取り上げた（図49）。土師器は破片ながら約二千点にのぼったが、玉と同じく現位置で取り上げたものと土嚢袋に入った数の合計である。

種類としては高坏が最も多く、二重口縁壺や小型丸底壺も含まれた（図50）。破片を観察したところ、すべて実用品ではなく雛形品（ミニチュア）と推定でき、さらに破片はいずれも小さく割れてほとんどが接合できなかった。

これらのことからおそらく高坏を中心とした土師器の雛形品は、出土した付近にもともと置いたものではなく、意図的にその場で破砕したかあるいはどこかでお供えをしたものをここに捨てたのではないかと考えている。

土師器を研究する村木誠は、これらの小さな土師器を観察し、集落で出土するような実用品のつくり方とほとんど同じようにつくられて省略してはいないことを指摘する。胎土をみても特別な土を使っているわけではないので、日常用の土師器をつくる人が古墳での儀礼に使うためにつくった祭祀用土器と考えられた。

笊形土器と食物形土製品

この土師器が集中する範囲からは、笊形土器《ざるがたどき》とよばれる籠目の圧痕が付着した皿か椀のような器と、その上に載せたと思われる食べ物をかたどった土製品がみつかった（図51）。

笊形土器も完形になることはなかったが、八〇点あまりの破片から少なくとも一〇個体を確認し、また土製品は一七点を数えた。先にみた雛形品の高坏と同じように供献用として使用された葬

図51 笊形土器（右）と土製品（左）

具と考えられる。

じつはこうした出土品を供献用の葬具とイメージできるのも、この調査の直前に兵庫県加古川市行者塚《ぎょうじゃづか》古墳の「造り出し」の調査があったからである。ここでは出入りが可能な方形埴輪列の内側から、家形埴輪とともに笊形土器や土製品そして多量の雛形品の高坏がまとまって出土していた（図52）。古墳のなかでの場所こそ違うものの、昼飯大塚古墳の後円部頂の遺物とその出土状態が共通していたのである。

4　後円部頂にみる儀礼空間

造り出しの場

行者塚古墳は墳丘長約九九メートルの前方後円墳で、これまでの発掘調査によって四つの造り出しのうち二つの様相が明らかにされている（図52）。

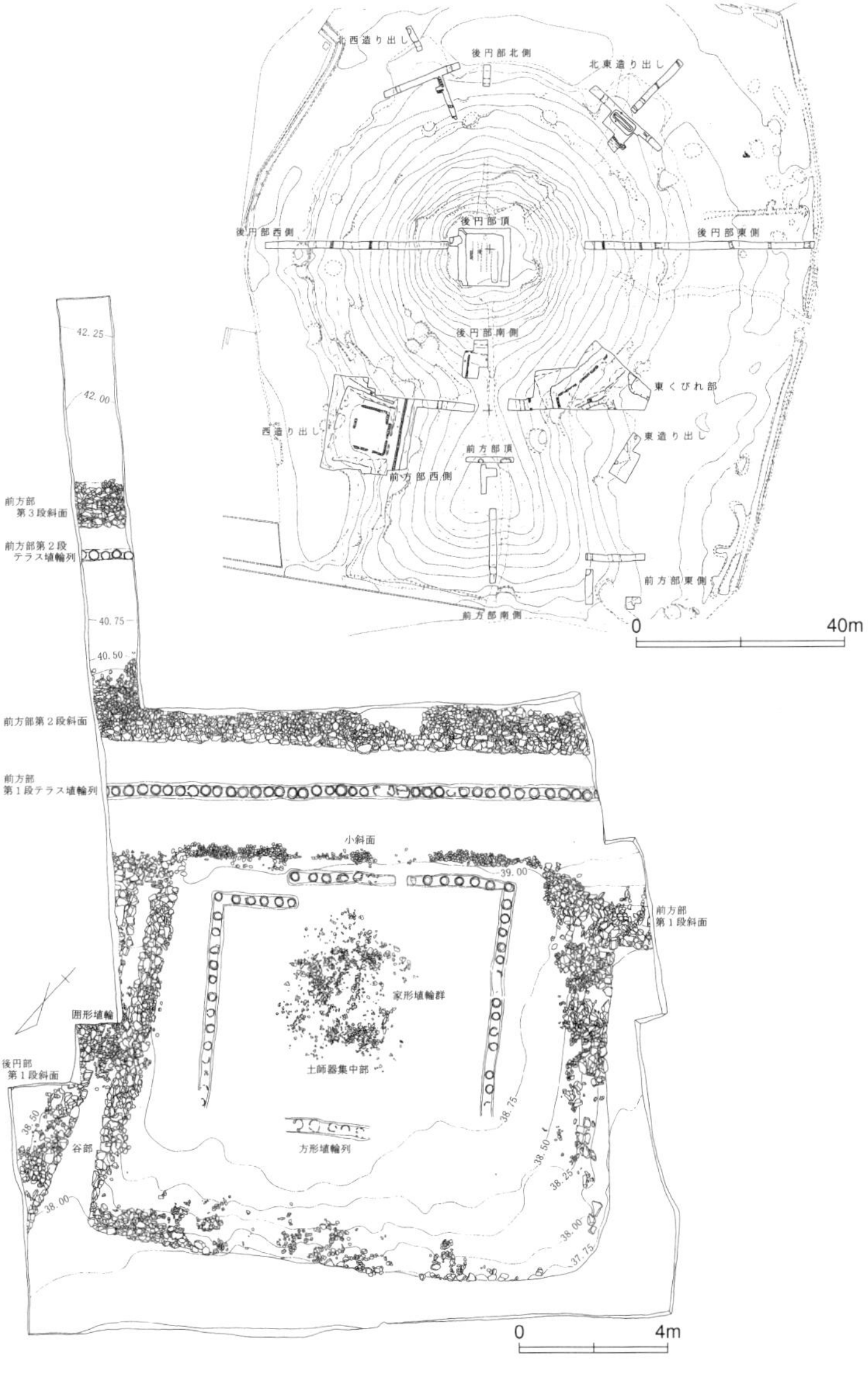

図52　行者塚古墳の西造り出し（加古川市1997）

埋葬をともなう「北東造り出し」では、盾、靫、甲冑形埴輪などの器財埴輪が粘土槨を取り囲むように方形に配置され、そのなかには家形埴輪が置かれていた。また粘土槨上面にはまかれたと推定される滑石製勾玉が出土している。

一方、埋葬をともなわない「西造り出し」では、同じように埴輪が方形にめぐるものの、その内側に出入り可能な空間があり、そのなかの特定の範囲から笊形土器や食物形土製品が小さな高坏とともに出土していた。ここでの遺物の量からして、土師器などの供献はかなりの回数に及んでいたと思われる。

このように一つの前方後円墳に取りついた複数の造り出しにおいて、それぞれ埋葬と供献が行われ、両者は埴輪による方形の空間のなかにあるという共通点がある。しかし、その一方で前者では滑石製の勾玉が用いられ、後者では土師器の高坏群、笊形土器や食物形土製品が使用されており、違いがはっきりとしていた。

古墳の風景

これらの遺物群の組み合わせは、昼飯大塚古墳の後円部頂で明らかにした内容とほぼ一致する。これをもとに考えれば、昼飯大塚古墳における家形埴輪や各種の器財埴輪そして滑石製玉類などは、埋葬にともなう辟《へき》邪《じゃ》を強く意識した遺物群と理解できる一方で、土師器、笊形土器、食物形土製品などは、葬送にともなう供献的な意味で用いられた遺物群と解釈できる（図53）。

このように様々な遺物群の関係を整理すれば、行者塚古墳の築造時期が五世紀前半にあることから考えて、それに先行する昼飯大塚古墳の実態は、行者塚古墳でみられた造り出しでの儀礼へと移行する直前の様子を示しているものと考えられる。

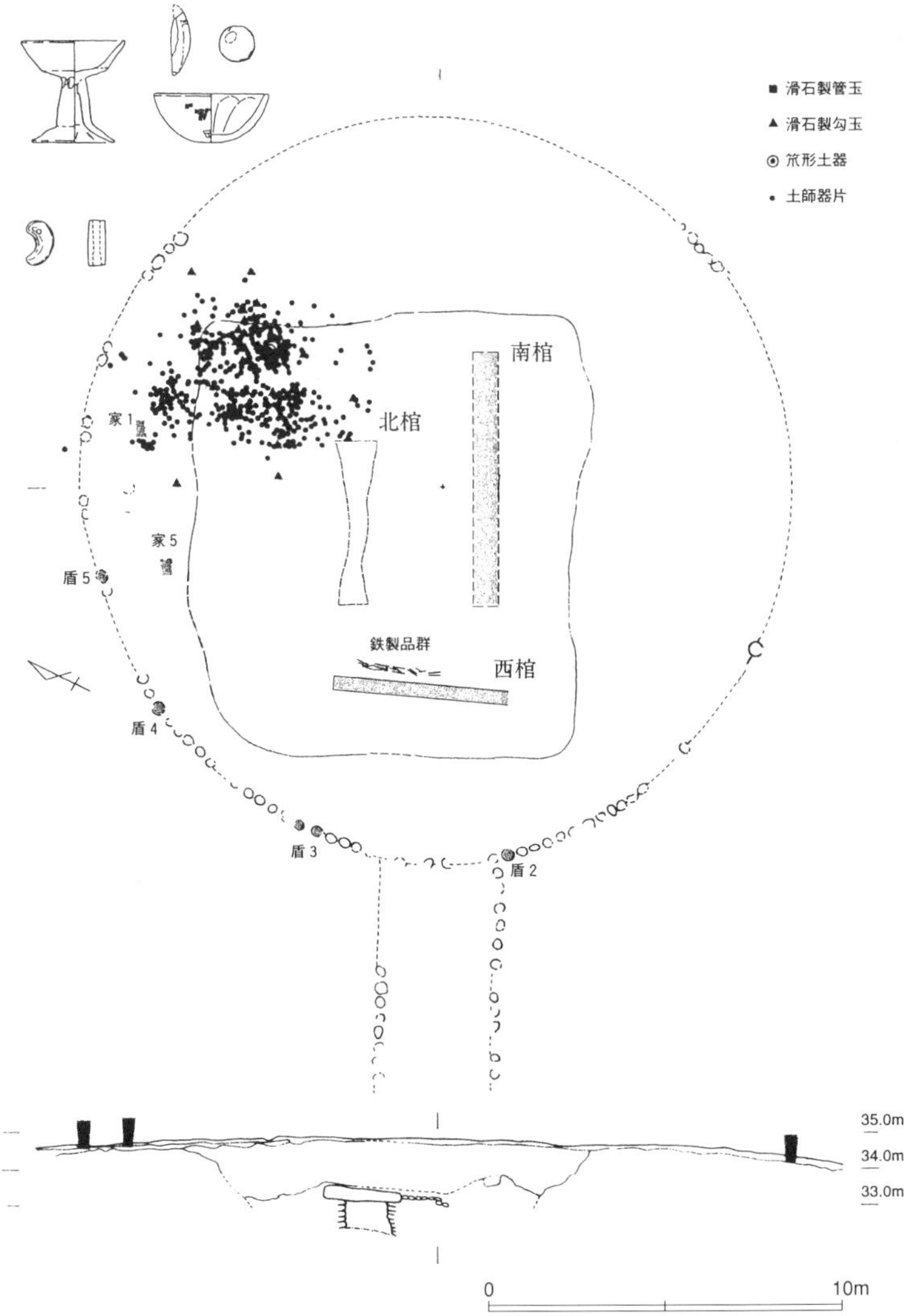

図53　後円部頂における遺構と遺物

さらに行者塚古墳の二つの造り出しにおいて推定されるそれぞれの行為から、昼飯大塚古墳の後円部頂における空間利用を次のようにイメージできる。つまり、後円部頂での埋葬とその後の儀礼である。墓壙が埋め戻され、すでに何本かの埴輪が立ち並んでいるところに、遺体近くでは鎮魂と辟邪のための玉がまかれ、そして葬送に参列した人びとが小さな高坏や笊形土器をもちよって亡き被葬者への供献の儀礼を執り行うという葬送風景を彷彿とさせてくれるのである。

おそらくこの儀礼が終了した後には、北側に配置された形象埴輪群周辺の空間に、使用したこれらの葬具を一括して廃棄したのであろう。

このようにこれまで想像しかできなかった「墳頂での儀礼」が、発掘調査によって推測できるようになったのである。

V　埋葬施設

1　埋葬施設と物理探査

埋葬施設は物理探査を踏まえた上で、第六次調査のときに盗掘坑を発見し、その後竪穴式石室であることをはじめて確認した。さらに粘土槨が存在することや墓壙内で鉄製品群がみつかるなど、埋葬施設に関する情報が次々と蓄積されていった。ここではこうした埋葬施設にかかわる調査とその内容について順を追って記し、現時点での整合的な解釈を示したい。

物理探査と解釈

まず事前調査として実施した物理探査の成果を紹介しておこう。後円部頂において実施した物理探査は、電気、地中レーダ、磁気、温度探査などさまざまである。

このうち地中レーダ探査と電気探査は、後円部中心を通る墳丘主軸とそれに直交する軸を設定し、それぞれ五〇㌢《センチ》ごとに巻尺を置いて縦横のデータを取得した（図54）。後円部頂の探査と周壕の探査で少し違うのは、後円部頂では埋葬施設の大きさや深さを詳しく知りたいため、測線を前述のように細かく交差して設定した点である。

期待どおり後円部頂の探査では、私たちがのぞむ埋葬施設や盗掘坑に関する情報がもたらされたが、とりわけ墓壙と埋葬施設と思われる反応がみごとに表れ（図55）、それぞれ深さを変えて平面画面で示すと大きさもよくわかった（口絵２頁上段参照）。青色で示したところは抵抗の低いところで墓壙内の範囲を、黄色から赤色の範囲は抵抗が高いところで、硬い土もしくは石があるところを表している。黄色から赤色の範囲が埋葬施設ではないかと亀井は教えてくれた。

図54　後円部頂の探査〈第３次〉

盗掘坑の確認

このことを念頭に一九九六年から一九九八年にかけて後円部頂の調査を継続し、ようやく一九九八年の夏、はじめて盗掘坑を確認できたのである。

盗掘坑はサブトレンチの狭いところで偶然みつかった。それぐらい盗掘坑はきれいに埋め戻されていたのである。私たちがはじめて竹林を取り除いたとき、盗掘の伝承があるにもかかわらず大きな窪みがないと不思議に思ったのもこのためであった。

盗掘坑はあとからよく検討してみると、探査の結果とよく一致していた。探査では盗掘坑も的確にとらえていたのである。二〇〇四年の第八次調査でも、探査で指摘されながらこれまで未確認だった攪乱（G）を追認している。

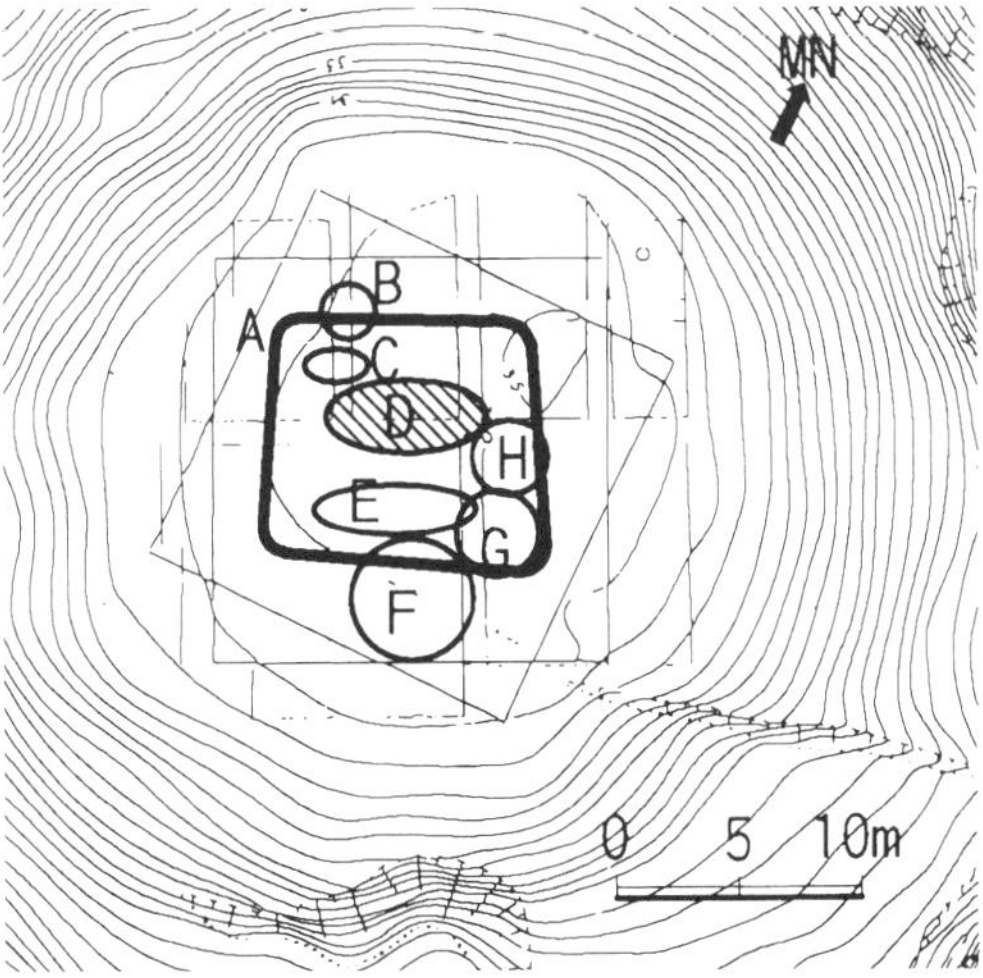

図55　探査データの判読結果
探査での反応が次のように解釈され、それぞれ後の発掘調査で確かめられた。
A：墓壙　B・C・F～H：攪乱
D：竪穴式石室　E：粘土槨

このように探査の結果は、すぐに現場に反映できない場合もあるものの、現場の情報が入るたびに探査の情報がさらに効果を上げることを知った。探査後しばらくの期間をおいて、よくデータを吟味してから再度現地の発掘に入るべきことを

図56　盗掘坑の検出〈第6次〉

教えてくれた。

ところで、地中レーダ探査から埋葬施設ではないかと推定された範囲について、このときやや疑問が残っていた。それは埋葬施設の位置が少し墓壙の北寄りにあり、電気探査で示された抵抗の低い範囲が墓壙内を広く覆っていたからである。このことについては、のちに粘土槨の存在によって解明されることになる。

2　竪穴式石室と盗掘坑

荒されていた竪穴式石室

昭和初期まで開いていたという盗掘坑には、竪穴式石室から抜き出したと思われる板石や裏込石がぎっしりと詰まっていた（図56）。しかし、すぐに石を払いのけて石室内部を調査することはできなかった。ひとまずカメラを隙間から入れて撮影した後は、竪穴式石室の取り扱いについて文化庁と協議することになり、盗掘坑はいったん埋め戻した。

その後、三次元計測や写真撮影のみが許可され、ふたたび盗掘坑を開けたのはその年の冬である。盗掘坑からなかをのぞき込んで最初に目に映ったのは、暗い洞窟のようななかで上方から垂れ下がるおびただしい根と天井石の隙間から落ちて溜まった土砂であった。

床には側壁などの石が崩落し大小の石が散乱しており、蓋石はバランスを崩して傾いていた（図57）。そして注意深く床面を観察したものの、何か副葬品が露出しているという状況ではなかった。

レーザで計測する

翌年の第七次調査では再度石室内部の観察が許可された。そこで京都大学の阪口英毅は、前年度に行った三次元計測による図面をもち込み、石室内部に入っ

図57　竪穴式石室確認直後の内部〈第 6 次〉　上：東小口　下：西小口

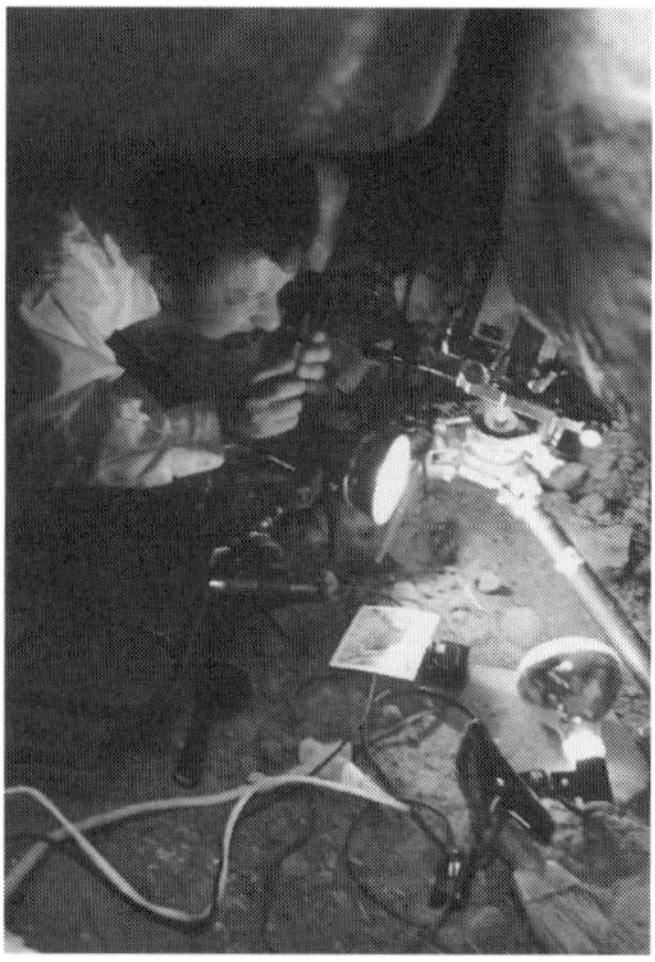

図58 石室内部での作業〈第6次〉

ては観察を繰り返して石室の模式図を作成した（図59）。

石室に入ってよくよく観察してみると、盗掘坑がじつはもう二カ所あることや東小口側の天井からも進入を図ったことがわかった。石室は明治以前にも何度か荒らされていたのである。このことは後日、別の盗掘坑から出土した十三世紀前半の土師器皿からも指摘することができた。

こうしていくたびかの盗掘による破壊行為を受けながら、石室の石積みが不安定になりつつも、天井の大きな蓋石が床に落ちず空間を保っていたのは、じつに奇跡的なことであった。前期古墳の竪穴式石室のうち、石室内部に入ることのできる古墳は非常に少なく、昼飯大塚古墳はこうした点では盗掘を受けたとはいえ、現状で竪穴式石室を観察できる貴重な古墳といえる。

さて、石室の規模は先に作成した模式図から、内法の長さ約四・五《メートル》、東小口幅一・二《メートル》、西小口幅〇・八《メートル》と把握できた。床面は東小口が高く、幅も広いことから埋葬された頭位は東と考えている。

天井にあたる蓋石は石室内側から数えて八枚あり、いずれも砂岩製であった。石の表面は平坦に仕上げられており、加工されたのではないかと考えている。また表面には赤色顔料が観察でき、蓋石そのものにも顔料が塗られていたことがわかっ

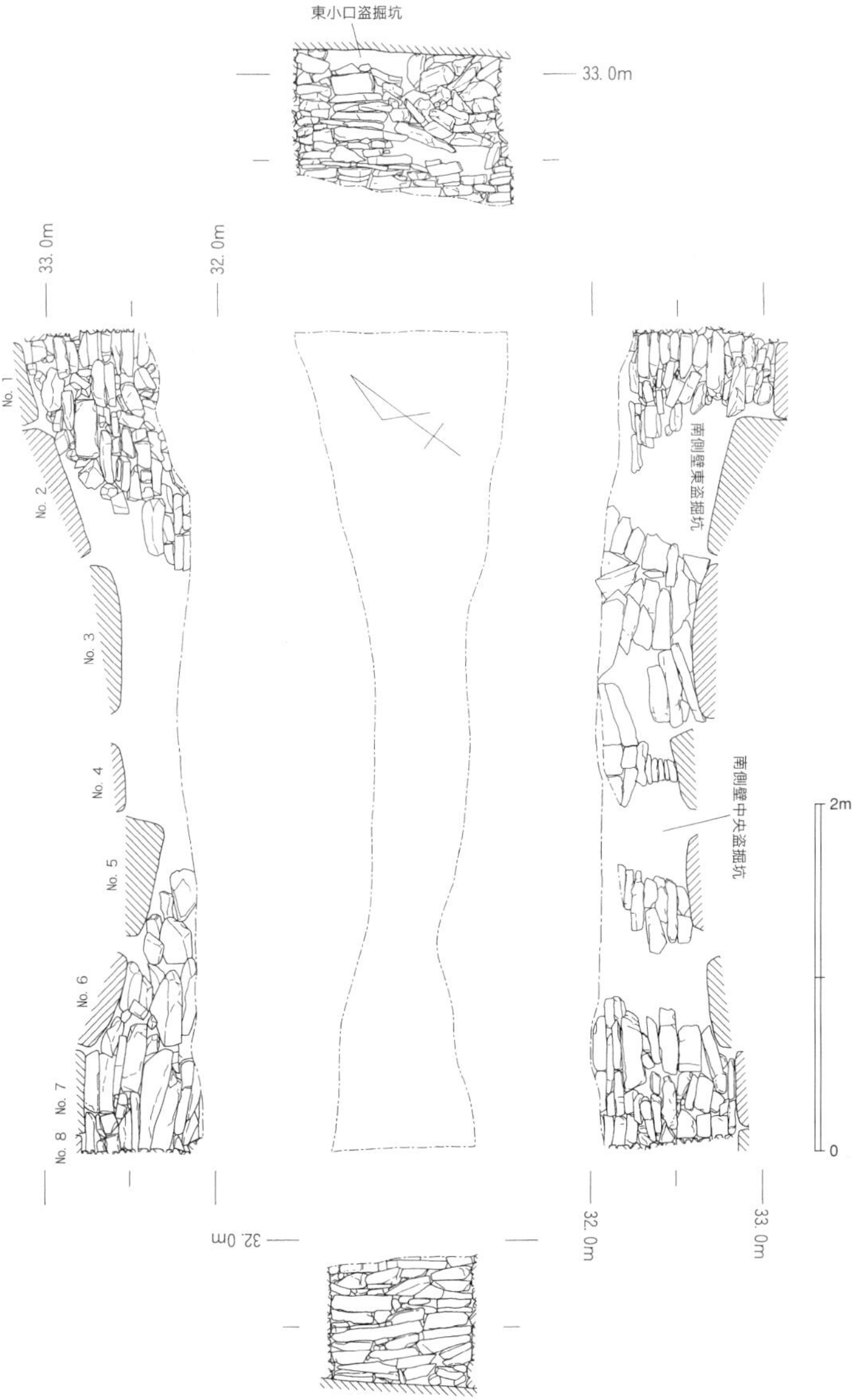

図59　竪穴式石室内部の模式図

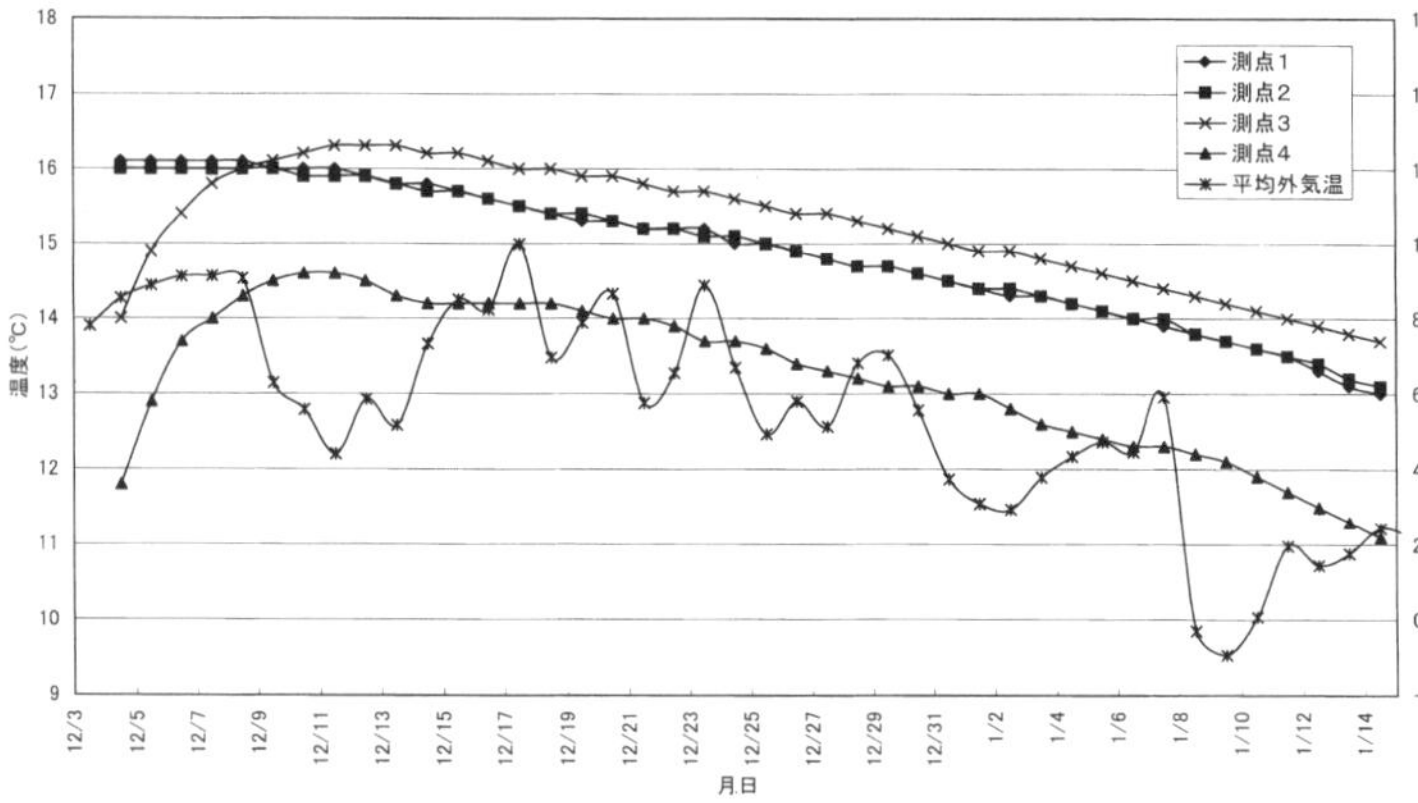

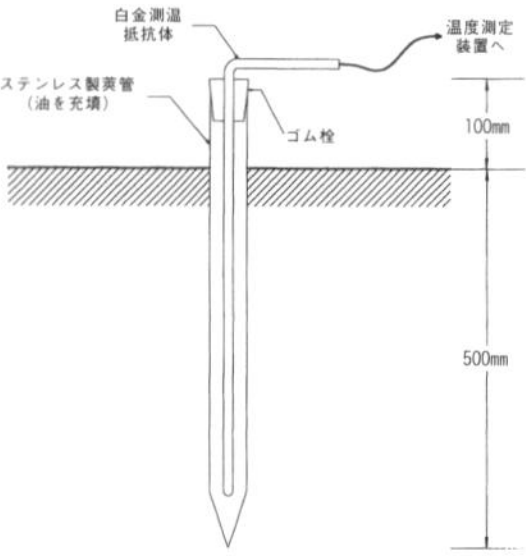

図60　石室内部の温度測定結果
左図のようにステンレスパイプを打ち込み、パイプ内部に油を満たし、その中に測温抵抗体を挿入する方法を採用した。

た。

控え積みの詳細はわからないものの、被覆粘土に露出した石材から幅は約一・五〜一・七メートルあまりと推定される。

石室内の温度計測　石室の調査が一九九八年から一九九九年までの約半年間止まったとき、内部に温度計を挿入して外部の気温と比較する計測を行った。その結果、石室内部は冬から春にかけて朝から夜の間は外気の影響を受けることが少ないことをつきとめた（図60）。

計測期間が機器の不調により短期間に終わったため断定はできないが、後円部頂から約二メートルあまり深い位置にある埋葬施設は、温度変化を受けにくい空間であったとみてよい。当時湿度も計測すべきであったと反省しているが、竪穴式石室採用の背景には遺骸の

図 61　石室内部の状況（2004 年撮影）

図62　粘土槨の状況〈第６次〉

保存や保護という意識が働いていたのではないかと考えたくなる。

さて二〇〇四年秋、ふたたび五年ぶりに盗掘坑を開けて石室内部の観察と計測を試みた（図61）。これは発見当時からどの程度石が動いているのか、その変位を観測するためであった。計測は新たに開発されたレーザで行い、前回計測時の石の輪郭と比較した。その結果部分的ではあるものの、石が微妙にずれていることがわかり、今後の保護処置と墳丘整備工事からの影響を考える必要に迫られた。

3　未盗掘の粘土槨

粘土槨の発見

探査によって当初推定された埋葬施設は、竪穴式石室一つであった。これが伝承となっていた石室とみて、昼飯大塚古墳の唯一の埋葬施設と信じていた。しかし、石室の存在が判明した年と同じ一九九八年の夏、竪穴式石室のすぐ横に偶然、粘土槨を確認したのである（図62）。

このときはすぐに粘土槨に手をつけることをせず、二〇〇四年の第八次調査のときに可能な範囲でその規模や状態を調べることとなった。その結果、粘土槨の長さは約八メートルと推定でき、調査範囲

図63　サブトレンチでの粘土槨と粘土槨の検出作業〈第８次〉

のなかでは荒らされた形跡はなく、未盗掘ではないかと考えられた。

粘土槨の中央には、粘土が落ち込んだ窪みが観察できた。これは粘土内部に包まれた木棺が朽ち落ちたことによるもので、ここを計測することで木棺の幅や長さを推定することができたのである(図63)。

石室より長い木棺

落ち込み部分は、東側で幅八〇センチ、西側で六〇センチを測り、その長さは約七メートルにもなった。竪穴式石室の長さが四・五メートルなので、石室に納められた木棺よりも長大な木棺が納められていることになる。粘土槨は東側が約三〇センチほど高くなっているので、石室と同様に東を頭位として埋葬されている可能性が高い。

この粘土槨についても今後の保存のため、内部の発掘調査は保留したが、それでも外部観察からはさまざまなことがわかった。たとえば、粘土槨に用いた粘土の色は上部の表面が灰色系に対して、側面には黄色系の粘土が使われており、木棺の棺床とそれを覆う身に使われた粘土が違うことがわかり、粘土槨の構造を知る上での手がかりを得た。

さらに、側面には筋状の痕跡が随所で認められ、棒状の細長いもので何度もくり返し粘土を叩いたような痕跡が観察できた。おそらくこれは木棺の蓋を閉じた後、被覆した粘土を意図的に叩き締めた行為と読みとることができる。こうした事例は、岐阜県可児市前波長塚《まえなみながつか》古墳の粘土槨をはじめ、石川県鹿島郡中能登町雨の宮一号墳で確認されており、粘土槨の被覆段階での叩き締め行為が広く行われていたことがわかる。

4　第三の埋葬施設—木棺直葬

鉄製品群の謎

さて、二〇〇四年の第八次調査には粘土槨の調査以外にも重要な目的があった。それは第七次調査で発見された鉄製品群の性格を明らかにすることである。

そもそもこの鉄製品群は最初から予測したものではなく、竪穴式石室の副室を確認する際、偶然刀一振が顔を出したのが発端であった。

この一振の刀を取り出そうとして掘りつづけた結果、次から次へと剣や刀が出土し、みるみるうちに二・五《メートル》あまりもの長い列となったのである。近くには赤色顔料が線状に現れ、ところどころにも散布されていた。

当時この鉄製品群に対しては二つの解釈があった。一つは同一墓壙内にあっても竪穴式石室および粘土槨とは主軸方向が異なり、埋葬にともなうものとは考えにくいことから、辟邪を意図した配列とみる考えである。鉄製品群から墓壙壁まで幅三〇《センチ》しか空間がないこともこの考えを後押しした。

図64　鉄製品発見当時の作業〈第７次〉

一方、鉄製品群とほぼ平行して検出された赤色顔料を手がかりに、それが木棺に塗布された痕跡とみなし、鉄製品群は棺外副葬品とする考えもあった。いずれにしても、このときは調査終了間際に発見されたこともあって、遺構の確認ができずに終わっていた。

新たな木棺

このときから五年を経て、ようやくこの疑問に終止符を打つことができた。鉄製品群が出土したすぐ横を拡張して掘り下げたところ、先にみた線状の赤色顔料と同じものが確認できたのである。

最終的には前回の赤色顔料との間に幅五〇チ《セン》の間隔が空き、内側の土の色も微妙に違っていたため、この二列の線は木棺の痕跡と判断した。したがって、先にみつかった鉄製品群は、新たに確認できた木棺直葬にともなう棺外副葬品と判明したのである（図66）。

しかし、この部分も遺構保存のため調査を差し控えたので、人体埋葬をともなった木棺なのか、副葬品を納める専用の木棺なのかは最終的には断定できていない。ただ副葬品だけを入れておく木棺だとすれば、わざわざ棺外に副葬品を置くことは考えにくいため、人体が埋葬されている可能性が高い。そうすると昼飯大塚古墳の後円部頂には、一つの墓壙に竪穴式石室、粘土槨、そして木棺直葬という三つの埋葬施設があって、三人の被葬者が眠っていることになる。

同一墓壙のなかに三人を埋葬することの意味は後で考えてみることとし、ひとまず鉄製品の内容について概観しておこう。それは盗掘された竪穴式石室、未調査の粘土槨という限られた情報のなかで、鉄製品群が第三の木棺の副葬品とわかったことで、埋葬の時期や被葬者の性格を探る上で重要な手がかりになるからである。

図65　鉄製品群の出土状況〈第7次〉

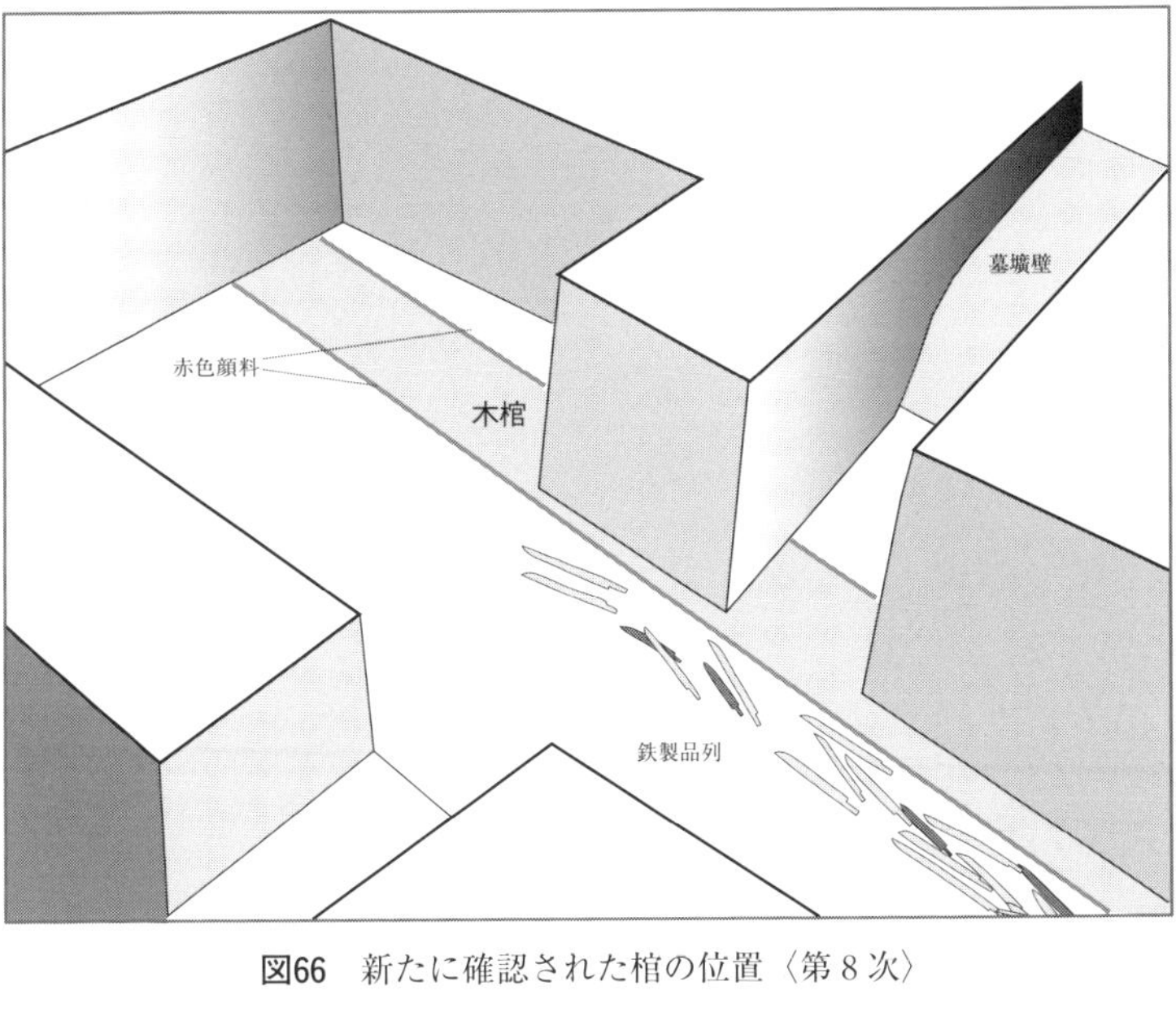

図66　新たに確認された棺の位置〈第8次〉

鉄製品の内容

鉄製品群の出土状態は、長さ二・五メートル、幅〇・二五メートルの範囲で合計四〇点が集積していた（図67）。その主軸は竪穴式石室や粘土槨に対してほぼ直交する方向であった。

鉄製品の内訳をみると、刀一五振、剣五本、柄付手斧二本、有袋斧四個、刀子一二本、蕨手《わらびて》刀子《とうす》五本、鎌一個であり、唯一滑石製の鎌形石製品一個が鉄製農工具のなかに混在していた（図68・69）。

このうち剣や刀は七～八カ所にまとまりながら、いずれも切先を南側に向けて出土しており、農工具類はその下層から長さ三〇センチ、幅一二センチにまとまって出土した。これを検討した京都大学の魚津知克は、剣や刀は南側から順に配列され、下の工具類はそれらの配列以前になんらかの容器類

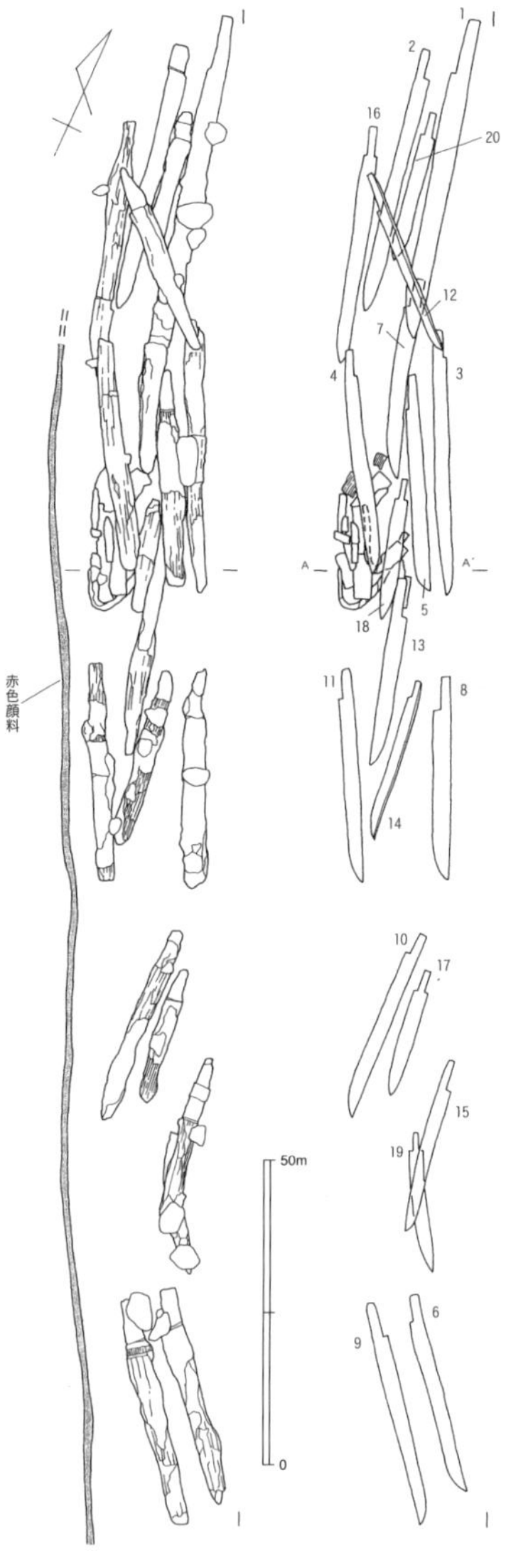

図67 鉄製品群の出土状況図
（右：装具なし　左：装具つき）

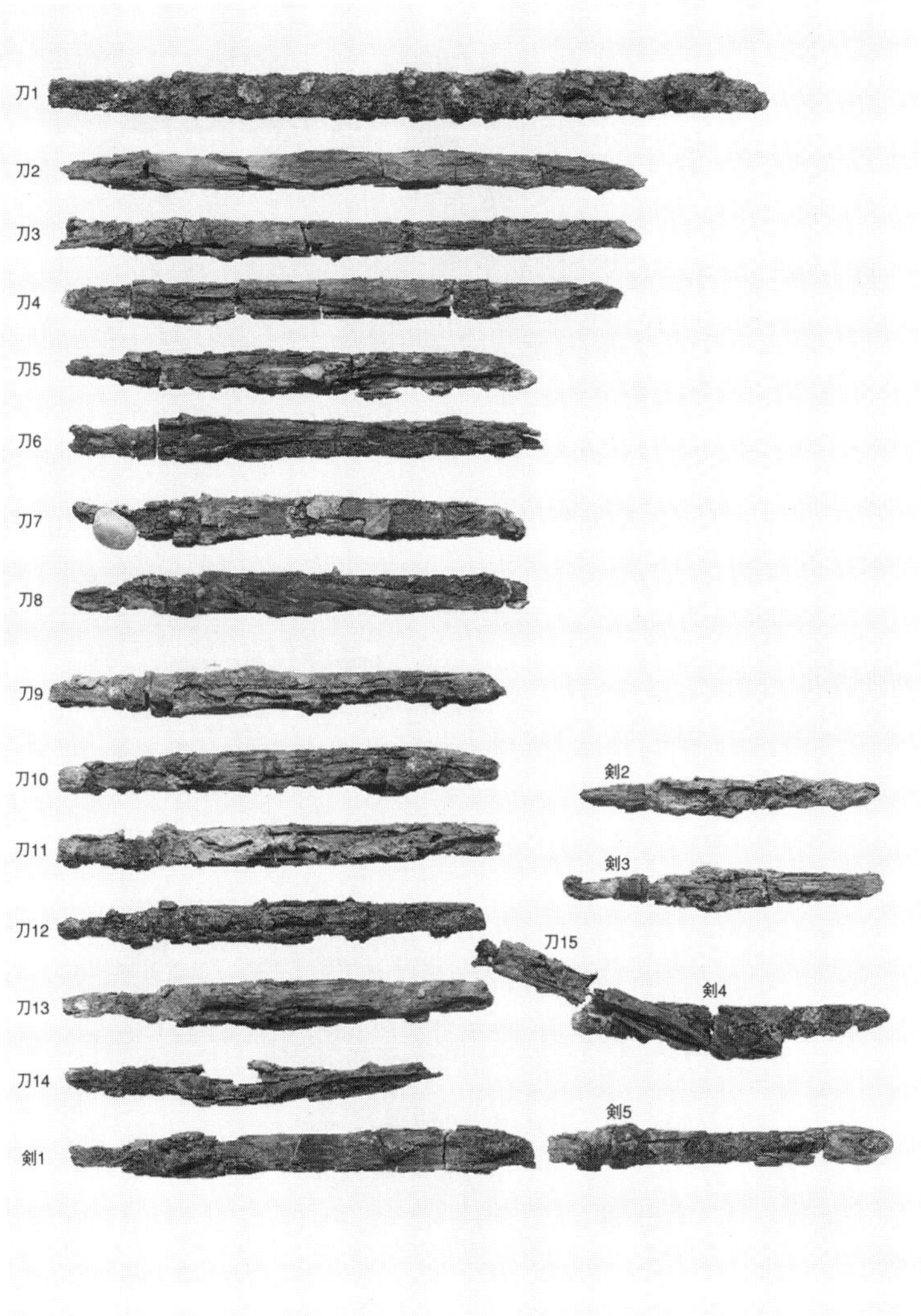

図68　刀剣（保存処理前）

に納められて置かれていたのではないかと推定した。

さて、出土した鉄製品の概要を以下に述べる。刀は一五振出土し、このうち一振を除いてすべて鞘に納められていた。長さは約六〇センチから約二八センチまであるが、多くは約三三センチにまとまっており規格性がある。また、鞘は分析した結果、ヒノキと判明している。柄縁装具には黒漆が塗られ、さらにそれを刻んで直弧文を描くなどの装飾性の高いものも含まれていた。

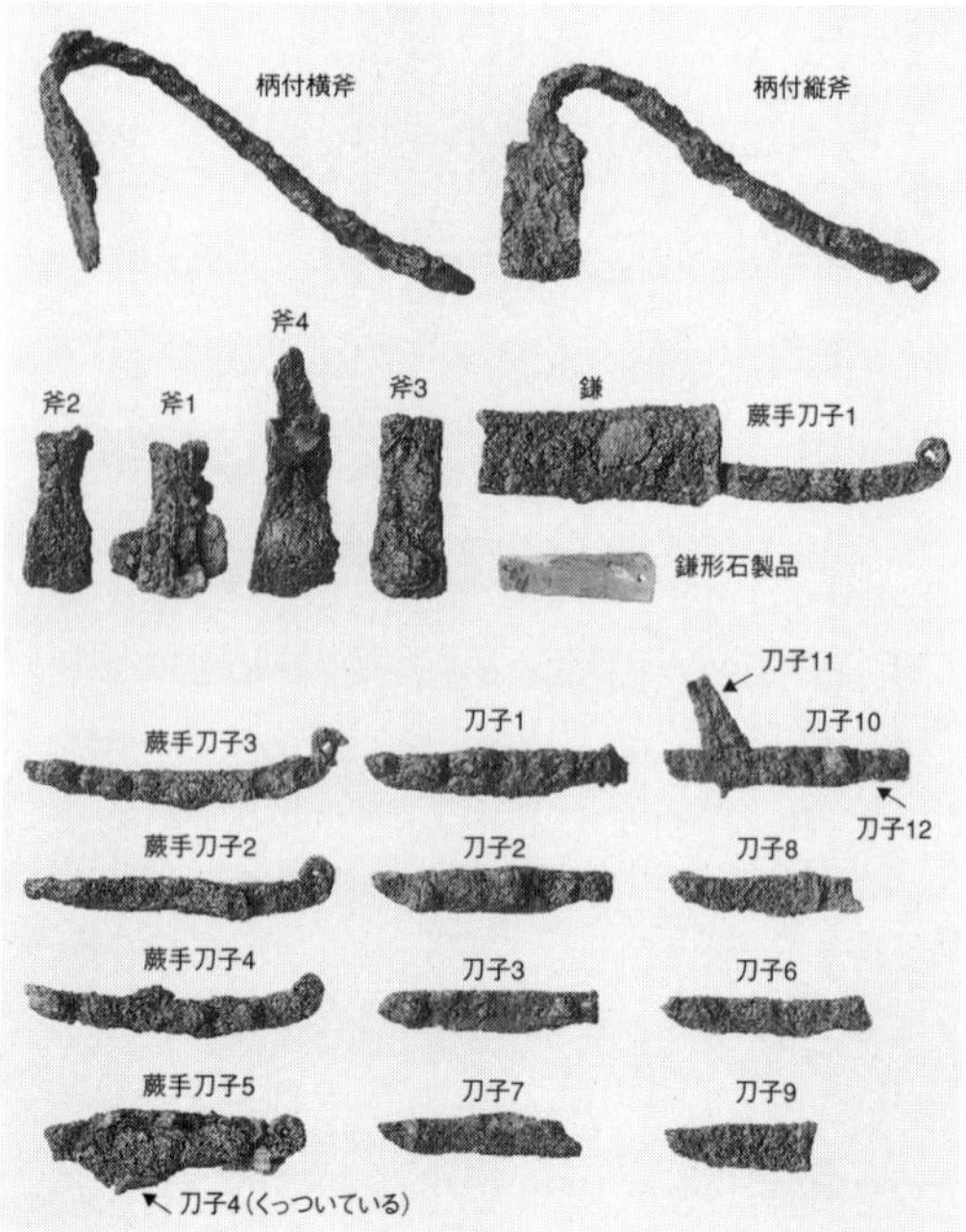

図69　農工具（保存処理後）

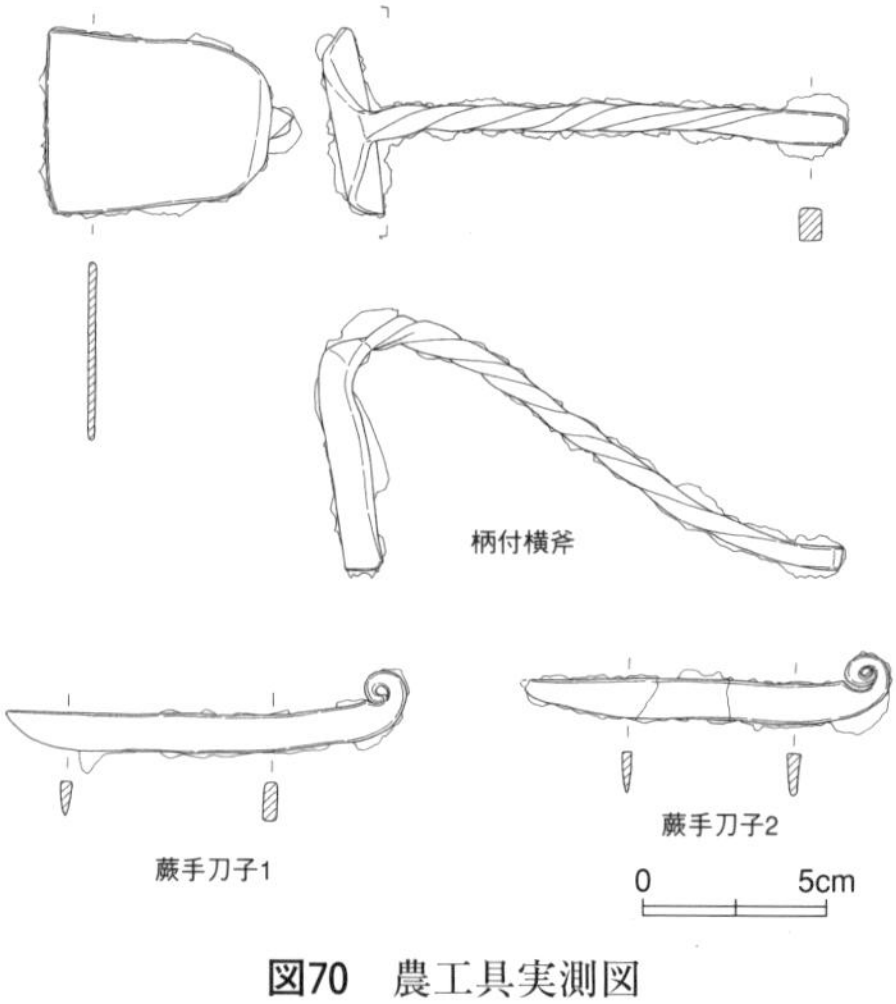

図70　農工具実測図

剣は五本出土しており、残存する長さは約二〇センチから二五センチと、これもまた刀と同様に短く、いずれも木鞘に納められていた。

柄付手斧は二本出土し、それぞれ刃部と柄の取りつき方が異なり、柄付横斧と柄付縦斧と区別した。前者は長さ約一五センチ、後者も長さ約一三センチと小さく、雛形品と思われた。しかし、両者とも柄の部分に「ねじり」が加えられ、装飾的効果を見出せた。

そのほかに刀子が一七本出土し、蕨手刀子は五本確認している。刀子の長さは約八センチで、蕨手刀子は約一〇センチである。

有袋斧は四個出土し、いずれも長さが四～六センチと小さく、雛形品と考えられる。袋部内には木質などは観察できず、実際に柄に装着したとは考えにくいものである。

鎌は一個のみで長さが七・六センチの直刃鎌である。滑石製の鎌形石製品もこのような直刃鎌を模倣したものであるが、長さは五センチと小さい。

これらのなかには剣や刀などの武器がみられるものの、鉄鏃はみあたらないなどの疑問もある。しかし、いずれにしてもこれだけ多量の鉄製品が棺外に副葬品として納められた例は東海地方では少なく、岐阜県では本巣市船来山《ふなきやま》二四号墳しか認められない。第三の木棺に埋葬された人物は多量の鉄製品を保有したきわめて武人的な性格であったと考えたくなる。

5 埋葬施設の構築順序

さて、一つの墓壙に異なる種類の埋葬施設が確認されたことは非常にめずらしいが、そもそも同じ古墳（墓壙）に同時に三人が埋葬されること自体あまり例がない。ただ、前方後円墳に代表される首長墓に埋葬される有力首長は一人の場合が多いものの、何例か複数埋葬の事例はある。この場合はそれぞれの棺にともなう墓壙があることから、明確な時間差があり、埋葬された順序もわかることが多い。

しかし、昼飯大塚古墳のように同じ墓壙に三人が同時に埋葬されたということは、三人の棺を一度に埋めてしまうわけなので埋葬の順番（時間差）は目にみえない。ではいったいこのことをどのように理解すればいいのだろうか。

このことの意味を考える前に、ひとまず調査で明らかとなった事実関係を整理しておこう（図71、以後、竪穴式石室を北棺、粘土槨を南棺、木棺直葬を西棺と併記することがある）。

石室と粘土槨の構築順序

竪穴式石室と粘土槨の構築順序を整理した林正憲は次のように説明する。竪穴式石室上部に被覆された粘土と粘土槨の上層に被覆された粘土を観察すると、前者の粘土を後者の粘土が覆うことから、まず竪穴式石室の天井石に粘土を貼りつけ、その後粘土槨の最終的な粘土被覆を行った可能性が高い。さらに竪穴式石室の被覆粘土の高さと粘土槨上層の高さを比較すると、やや粘土槨の方が高いため、構築過程において竪穴式石室が先行しているのではないかと解釈したのである（図72）。

こうした前後関係を認めつつ二つの埋葬施設をみると、それらは墓壙の中心線に対して対称に配置されていること、ある段階から石室の裏込めが粘土槨の粘土の積み上げと同時の工程になることを考慮すると、両者の構築過程はきわめて同時性の強いものであることもわかる。したがって、二つの棺に蓋をした時期は、死亡した時期は別にしてほとんど同じということになる。

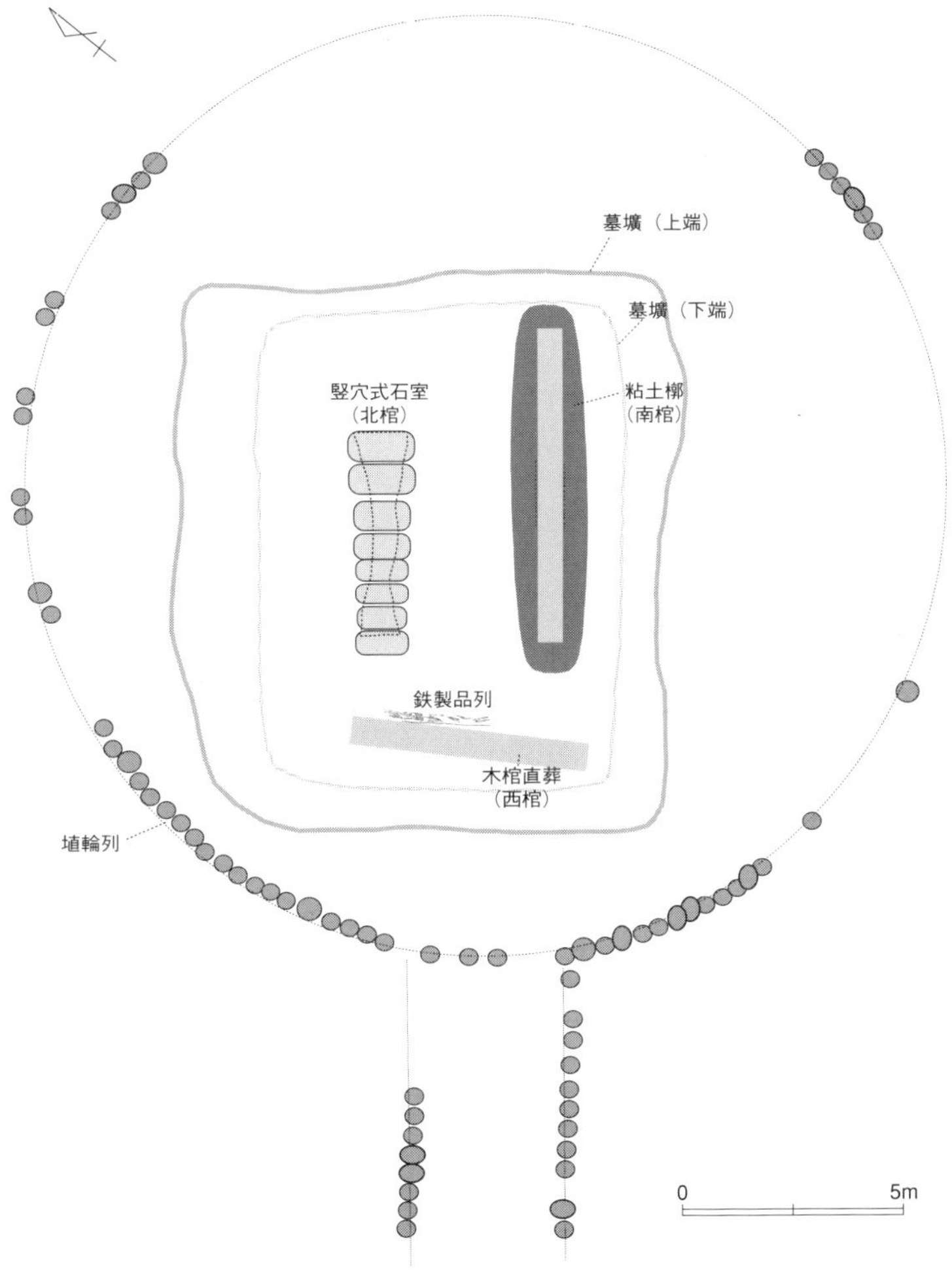

図71　後円部頂における墓壙と三棺の位置

外周埴輪列の中心は、後円部径の中心とも一致することからもわかるように緻密な土木測量があった。にもかかわらず墓壙はやや北側に寄って掘られているため、埴輪列と墓壙の南側との間に空間が生じている。このことも計画的なものではないかとみている。

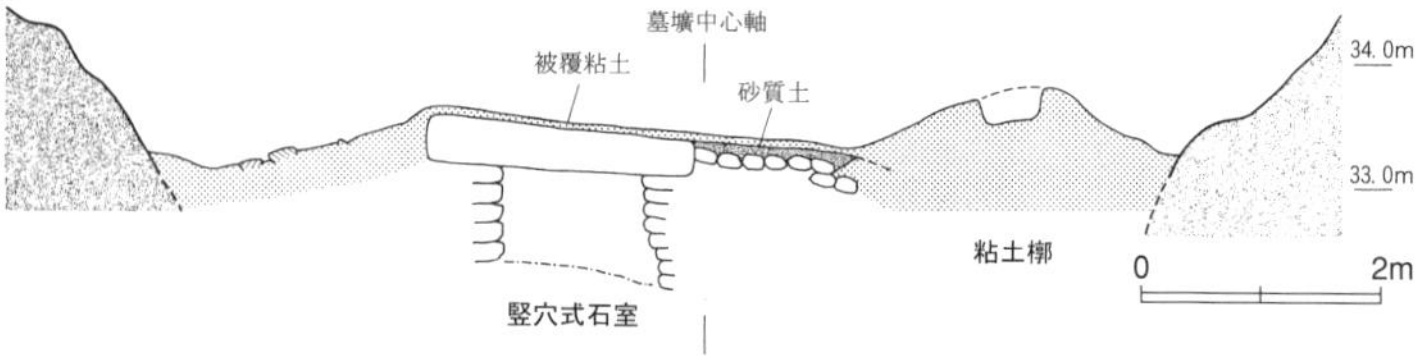

図72　竪穴式石室と粘土槨の構造模式図

埋葬の風景

それでは三つめの木棺が確認されたことにより、あらためて竪穴式石室と粘土槨との関係をどのように理解したらよいのであろうか。第三の木棺を確認した第八次調査の所見から、大手前大学の岩本崇は次のように説明する。

鉄製品が配列された面はじつは一定の広がりをもった粘土面であり、この粘土が竪穴式石室と粘土槨の両方を覆っているのではないかとみる。そうすると、第三の木棺は竪穴式石室と粘土槨の被覆終了後に配置されたと考えることができ、最終段階に木棺の棺外に鉄製品が置かれたことになる。

ここまでの解釈を総合し、埋葬の場面をわかりやすく伝えたものが図73のイラストである。このように昼飯大塚古墳では、長年の調査成果によって、これまでの古墳の調査ではあまり気にかけてこられなかった古墳上での儀礼、後円部頂での参列者等の動きなどに迫る手がかりを得たのである。

新たな調査課題①　埴輪の製作と配列時期

いずれにしても第三の木棺の埋葬終了後にはじめて墓壙全体が埋め戻されたため、それまで墳頂部には家形埴輪をはじめ器財埴輪などを配置することはできなかったはずである。それでは、形象埴輪などはいったいいつ製作され、また円筒埴輪との製作に同時性はあったのであろうか。

一般的に埴輪は円筒埴輪も形象埴輪も古墳の築造とほぼ同時期に一括して製作されたものと考えられている。もしこの考えに従えば、昼飯大塚古墳の家形埴輪などは墳丘の築造にあわせて製作されたはずであるが、そうなると墓壙が埋められるまでの間は埴輪はつくられたままで配置されないことになる。埴輪群は第三の木棺の埋葬が終了するまで、どこかに保管されていたのであろうか。

逆に、形象埴輪の製作時期が墓壙埋め戻しの直前（第三の木棺が配置された段階）まで遅れたとみれば、今度は円筒埴輪との製作時期が異なり、編年と齟齬をきたす。それは現状では円筒埴輪より形象埴輪の方がやや古く考えているからである。これらのことから、埴輪製作すべてを一括とみなすことに躊躇を覚えるようになった。

新たな調査課題②
墓壙内調査

さらなる問題は墓壙である。昼飯大塚古墳の墓壙は一辺が十数《メートル》にもなる大きさであるため、掘削した土量はかなりのものであったに違いない。それでは墓壙を埋め戻すまでは、いったいどこにそれだけの土を置いていたのであろうか。

これまでの調査所見から、一部の埴輪が墓壙掘削時すでに後円部頂に配置されていたと考えると、後円部頂の埴輪列とのわずかな空間では足りないだろうし、墳丘外に仮置きしたとしても運搬がたいへんである。このように墓壙そのものに関する調査所見は以外と少なく、研究も乏しい現状がある。

古墳の発掘調査では埋葬施設を検出するため、墓壙を完全に掘り上げることはあるものの、埋葬行為とのかかわりのなかで検討することはなく、墓壙内への通路（墓道）の検出や途中での儀礼行為の有無、墓壙の役割などを追求する調査も少ない。最近では岐阜県可児市前波長塚《まえなみながつか》古墳でみられたような墳丘から墓壙内へ通じる墓道の検出など、直接的には埋葬施設にかかわらないにしても墓壙との関係を示唆する重要な遺構の調査も行わ

における三棺

◆埴輪と葬送儀礼

墓壙内から数点の埴輪片が見つかったことから、墓壙を埋め戻すときにはすでに埴輪の一部が並べられていたと推定した。埴輪列は後円部頂の中心を径20mでめぐるが、墓壙は埴輪列内のやや北寄りにあって南側にわずかな空間を生じていた。イラストではここを葬送儀礼を執行する空間として描いている。家形埴輪や靫形・甲冑形埴輪は墓壙を埋め戻した後に置かれ、その後、滑石製玉類やミニチュアの高坏などの土師器や笊形土器、土製品が供献された。

図73　後円部頂

◆三つの棺と墓壙

墓壙は南北約11m、東西約12mの方形プランをなすもので、外周埴輪列を避けるかのような隅をもつ。墓道は未確認であるが、墓壙の主軸に対称となるように竪穴式石室と粘土槨が並置されている。二棺は少なくとも同時に被覆され、その被覆粘土と同一面上に多数の鉄製品群がみつかっているため、二棺に遅れて西棺が置かれたと推測した。

れている。

このように古墳の調査では埋葬施設以外の遺構についても、埋葬という人間を対象とした行為との関連性を問題としていかなければ、葬送の実態解明にはつながらないのである。

新たな調査課題③　三人の被葬者間の関係

さて、三棺のそれぞれの被葬者の死亡時期についてては、これまでの調査では知る手がかりを得ていない。しかし、少なくとも竪穴式石室（北棺）と粘土槨（南棺）そして木棺直葬（西棺）という構築（設置）順序はまず間違いない。

さらにもうひとつ付け加えられる事実として、後円部頂の埴輪列の項で指摘したように、一見やや北に寄っている墓壙は、葬送儀礼上きわめて計画的に配置されていたことから、三棺の埋葬はあらかじめ埴輪の樹立とともに綿密に計画され、同一墓壙に入ることが予定されていたことが想起できる。

つまり、三棺はそれぞれを覆う槨が異なるものの、生前から埋葬位置と槨の種類が決められていた可能性が高い。そこで三人の関係について現状での私見を述べておきたい。

一つは埋葬された三人が血縁関係にあり、彼らがほぼ同時に死亡したという考えである。ほぼ同時に死亡するということは、おそらく年齢的にも近いことが想定され、「キョウダイ」という可能性もある。ただし、こうした解釈をとる際には三人の偶然性の高い死因や自然死だけでなく、戦闘や疫病など他の要因も選択肢に含めておく必要があろう。

二つめは殉葬という解釈である。血縁関係もしくは非血縁関係にあっても、竪穴式石室への埋葬後、粘土槨および木棺直葬へと順を追った埋葬を、竪穴式石室の被葬者に対する殉死とみなすものである。ところが、いまだ古墳時代において殉死が実証されていないという問題もあるし、後円部頂という場所で、かつ同じ墓壙内で殉葬があったとみるには主体となる被葬者に近すぎる感がある。

三つめはモガリ儀礼の結果とみる解釈である。三人の死の間にそれぞれモガリ儀礼の期間を設けて考えるのである。つまり、竪穴式石室への埋葬→粘土槨への埋葬→（粘土被覆）→木棺直葬という順序において、最初に竪穴式石室に埋葬された人物の死から、最後の第三の木棺に埋葬される人物の死までの間、遺体をどこかに置いてモガリ儀礼のため長期間埋葬されなかったとみるのである。

この解釈だと最後の三人目の人物が死亡して、長期のモガリ儀礼が終了するまでの間は、墓壙は埋められないことになるが、はたしてこのようなことが現実に起こりえたのだろうかという素朴な疑問も生じる。

いずれにしても、わからないことばかりであるが、このことは第Ⅶ章において周辺首長との関係や造墓活動を視野に入れながら、再度検討してみたい。

表3　昼飯大塚古墳の出土遺物一覧

			古墳にともなう遺物	古墳築造後の遺物
埋葬施設	竪穴式石室（北棺）		＜盗掘坑埋土・石室内流土＞ 管玉 43　ガラス玉 324　勾玉 187　算盤玉 70 棗玉 153　臼玉 3453　石釧（緑色凝灰岩）1 石釧（滑石）3　刀子形石製品 11　斧形石製品 5 坩形石製品 1　鉄柄付刀子 1　鉇2　針状鉄製品 37 鉄剣件 1　不明鉄製品 5	土師器皿片 66　匣鉢 1
	粘土槨（南棺）			
	木棺直葬（西棺）		＜棺外＞ 鎌形石製品 1　刀 15　剣 5　柄付縦斧 1　柄付 横斧 1　有袋斧 4　刀子 12　蕨手刀子 5　鎌 1	
後円部頂とスロープ部	埴　輪		円筒埴輪・朝顔形埴輪 73（原位置を保つもの） 家形埴輪 7 以上　蓋形埴輪 6 以上　盾形埴輪 5 以上 靫形埴輪片 15　甲冑形埴輪片 1　不明埴輪片 9	土師器皿片 43 須恵器片 17 灰釉陶器片 8 青磁片 1
	土師器		二重口縁壺片 3　小型丸底壺片 78（うち円筒埴輪内部から 3 個体分）　直口壺片 1　柳ヶ坪型壺片 1 壺片 1　高坏片 670（うち円筒埴輪内部から 3 個体分）	
	土製品		食物形土製品 16 以上　笊形土器片約 80 （10 個体分以上）	
	玉　類		管玉 12　ガラス玉 14　算盤玉 6　勾玉 47　棗玉 2 臼玉 101　丸玉 1	
	石製品		刀子形石製品片 2	
	鉄製品		刀子片 3　不明鉄製品片 1	
墳丘と周壕	後円部		円筒埴輪 4 以上　家形埴輪片 5 以上 蓋形埴輪片 2	灰釉陶器片 1　古瀬戸片 1 常滑焼片 3　銭貨 1
	くびれ部		円筒埴輪 7（原位置を保つもの）　家形埴輪片 埴輪棺に使用された埴輪 9	土師器皿 42　須恵器片 7 灰釉陶器片 2　山茶碗片 18 青磁片 3　常滑焼 3 銭貨 1
	前方部		円筒埴輪 6（原位置を保つもの）　蓋形埴輪片 3	須恵器片 77　土師器皿片 435　伊勢型鍋片 1 近世土器鍋片 1　灰釉陶器片 8　山茶碗片 33　青磁片 3　中国製天目茶碗片 1 古瀬戸片 1　常滑焼片 9 銭貨 1

＊墳丘と周壕での数量は第 7 次調査までの分

Ⅵ　昼飯大塚古墳を分析する

ここまでは発掘調査からわかったことを整理し、昼飯大塚古墳の特徴を述べてきた。しかし、発掘調査は現地調査の終了後、記録した図面や出土した遺物を整理して、『調査報告書』をまとめてはじめて業務が終了する。古墳の評価を定めるときにもこの整理作業は重要な意味をもつ。

出土した遺物の量が多いほどその作業は膨大となり時間もかかる。しかし、遺物を分析することによって、現地ではわからなかった新たな事実を発見することもあるため、問題意識をもって整理作業にあたる必要がある。

ここでは視点を古墳から遺物に移し、整理作業を通して明らかにできた内容を紹介したい。紙面の都合により、埴輪、玉、刀などにかぎるが、その他の遺物にも同様な考察を加えているので、詳しくは調査報告書を参照してほしい。

1　多量の埴輪から何が読みとれたか

埴輪の整理・分類

昼飯大塚古墳の遺物のなかで、最も多いものの一つが埴輪である。埴輪は調査開始直後から破片として採

図74　埴輪の実測作業

集されたり、発掘を通して現位置にて取り上げられたものも含んでいる。

埴輪はもともとの位置で検出されれば、「埴輪列」となって遺構でもある。したがって、古墳そのものが保存される場合には、現地に残して保護していくことも選択肢としてあるだろう。しかし、昼飯大塚古墳の場合は、埋葬施設より埴輪列を重視して調査を進めてきた経緯もあり、埴輪はもち帰って時間をかけて分析し、考古学的な検討を加えて史跡整備に活用しようとした。以下、その分析成果を列挙していこう。

三群の円筒埴輪

昼飯大塚古墳のこれまでの調査で、円筒埴輪、朝顔形埴輪、楕円筒埴輪（図75）のうち原位置でみつかったものは、後円部頂とスロープ部で七三本、前方部で六本、くびれ部で七本にのぼった。

これらは外面調整・突帯設定技法などから大きく三つの群（グループ）に分類でき、さらに胎土からは砂礫をほとんど含まない緻密な群（胎土A類）と多量に砂礫と大きな粒子を含む群（胎土B類）に二分できた。これらの胎土をも意識しながら、三つに分類した円筒埴輪の特徴を述べよう（図76）。

〈I群円筒埴輪〉

この埴輪群は内外面をナデ調整し、突帯の設定にはおもに断続凹線技法を用いている。透かし孔は方形でたがい違いに穿つものが多く、胎土はA類に属している。色調は橙色を呈するものが多

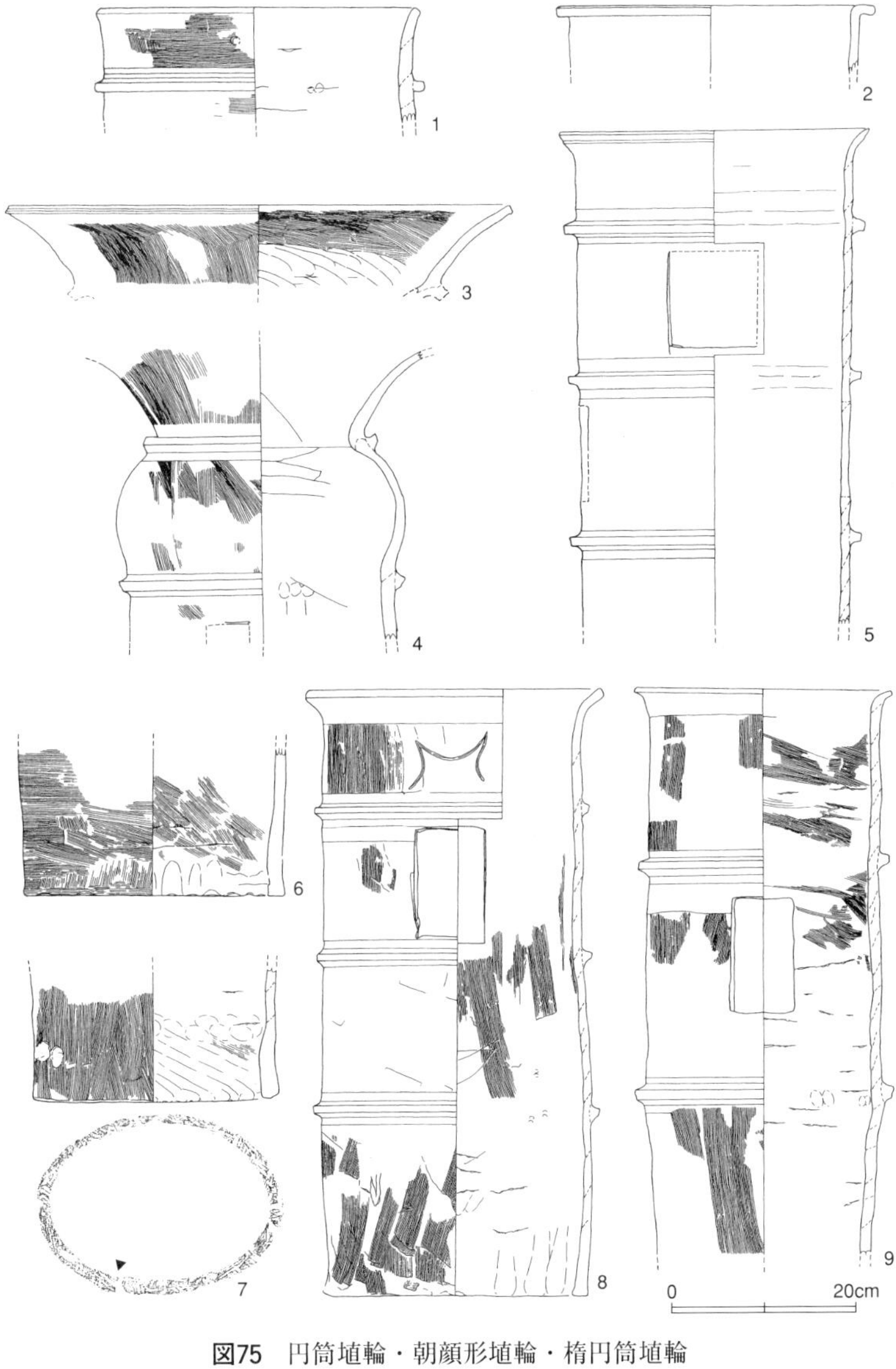

図75　円筒埴輪・朝顔形埴輪・楕円筒埴輪
（後円部：3　スロープ部：7～9　前方部：1・2・4～6）

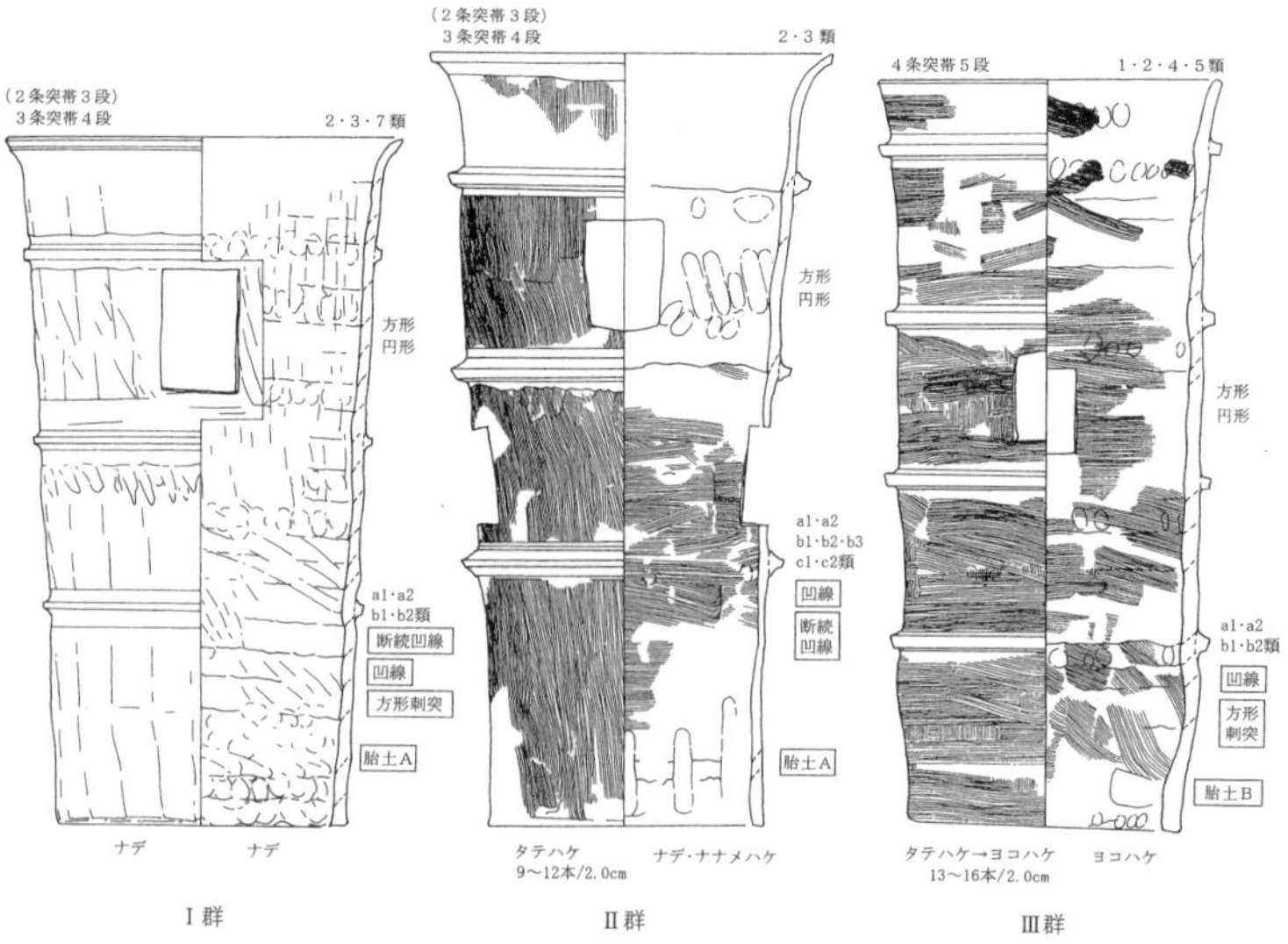

図76　I〜III群の円筒埴輪

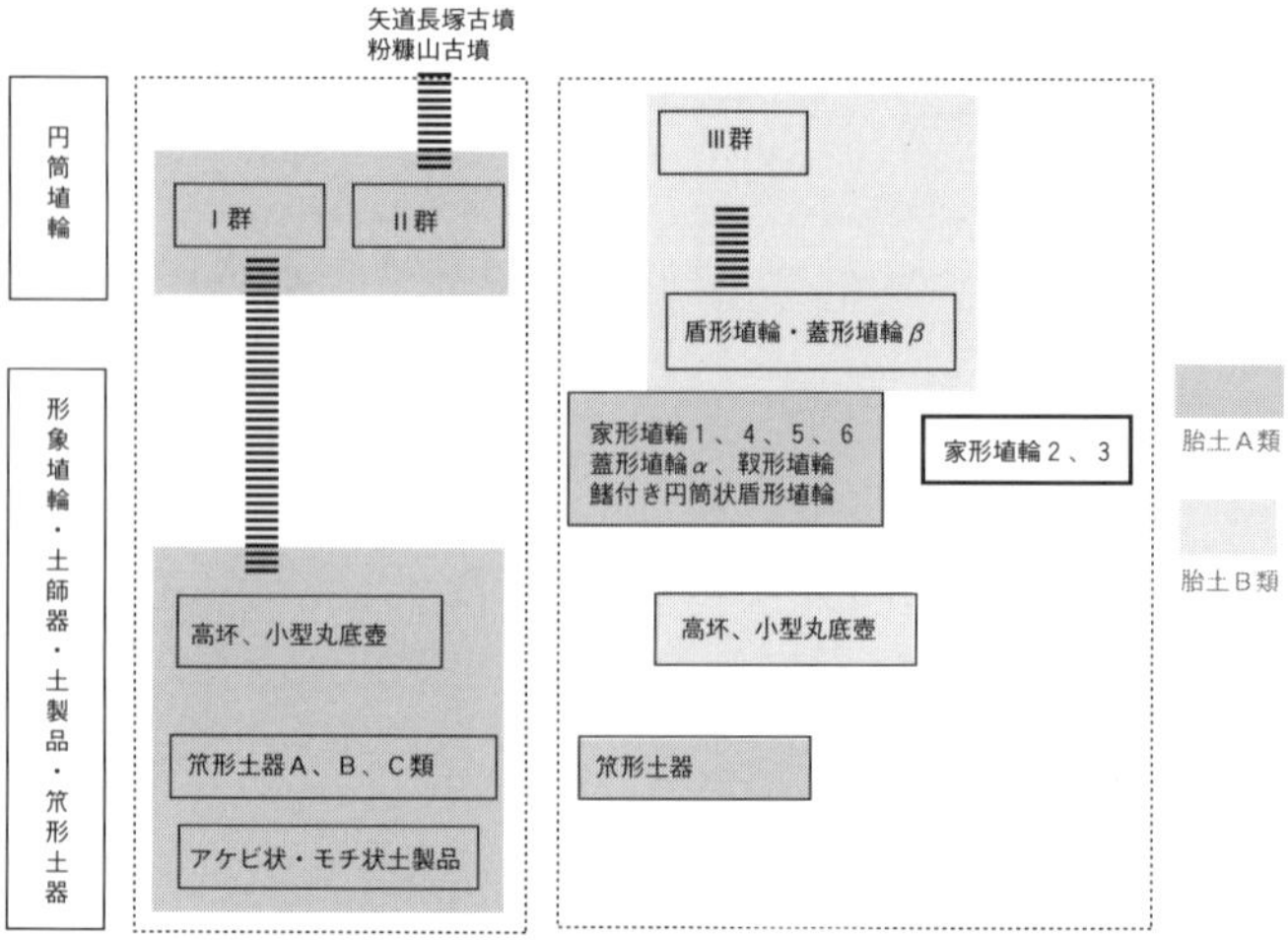

図77　埴輪群の構成（東方2003・中井2005）

模式図左枠がI群・II群円筒埴輪に属する在地系のもの、
右枠がIII群円筒埴輪に属する外来系のものを示す。

く、三条突帯四段に復元できる。

〈Ⅱ群円筒埴輪〉

この埴輪群は外面調整をまずタテ方向のハケメで調整し、二次調整にも同じタテハケを施すものである。突帯設定には凹線技法を用いているが、透かし孔のかたちは方形と円形があり、たがい違いに穿っている。胎土はⅠ群と同じ胎土A類で、全体は三条突帯四段に復元できる。

〈Ⅲ群円筒埴輪〉

この埴輪群は外面調整にヨコハケ技法を、突帯設定には凹線技法と方形刺突技法を用いる。透かし孔には方形と円形があり、胎土はⅠ・Ⅱ群とは異なる胎土B類に属する。色調は黄橙色とはやや異なり、全体は四条突帯五段に復元できる。

このほかの埴輪についてもこの分類があてはまり、朝顔形埴輪がⅡ群、楕円筒埴輪はⅠ群とⅡ群、鰭付円筒埴輪はⅠ群に属することがわかっている。

埴輪群の構成

さらに形象埴輪にも胎土分類をあてはめていくと、家形埴輪2・3を除いてほとんどがどちらかの胎土に属することが明らかになった。このように肉眼観察による所見は、奈良教育大学の三辻利一が行った蛍光X線分析を用いた産地同定の分析とも一致した。

胎土A類としたⅠ群・Ⅱ群円筒埴輪と同じものは、入母屋造りの家形埴輪4、大型の家形埴輪5と6、7の四棟そして蓋形埴輪である。一方、胎土B類としたⅢ群円筒埴輪と同じものに、盾形埴輪1～5と蓋形埴輪βタイプ（1～3・6）そして切妻造りの家形埴輪1があった。胎土A類は、埴輪以外の土師器の一部や笊形土器および土製品などの胎土とも共通し、全体的に図77のような模式図で関係を表示することができる。

この分類を一歩進めて、製作集団まで迫る考えがある。

外来系と在地系の製作者

埴輪は土器と違ってもともと在地ではみられないため、形象埴輪をはじめヨコハケ技法をもつⅢ群などは、外来の製作者や指導者により製作された埴輪群と解釈できる。

一方、こうした埴輪群を模倣したり、見習って製作したようなⅠ群・Ⅱ群、そしてその他の形象埴輪などは、在地の製作者によるものではないかと推測できる。Ⅰ群・Ⅱ群の数量が圧倒的に多いのは、昼飯大塚古墳の造墓にあたって招集された在地の人びとの手によるものであるとすると理解しやすい。

このように考えると昼飯大塚古墳の埴輪製作には、大きく外来系と在地系に由来する二つの集団が同時に関与し、製作にあたっていると想定できる。

こうした視点で埴輪研究を進めているのが、東京国立博物館の古谷毅の研究グループである。この研究方法を用いれば、古墳から出土する埴輪がその大きさによらず、破片すべてが重要なデータとして活用できるのである。つまり、破片一つ一つが先に分類したどの埴輪群に属するかが肉眼でも判断でき、それらがどの位置からどれくらい出土するのかを分析すれば、それらに関与した製作集団のかかわり方がみえてくるというのである。古墳調査における多量の埴輪片は、こうした意味でたいせつに保管されていく必要がある。

円筒埴輪や形象埴輪などは、どのような目的や祭式に必要とされ、そのためどれくらいの数量が製作されたのであろうか。また、どこに配置することが決められ、いつ配列されたのであろうか。こうした疑問は、裏返せばどのような埴輪祭式を執り行ったのかを埴輪から読みとることができれ

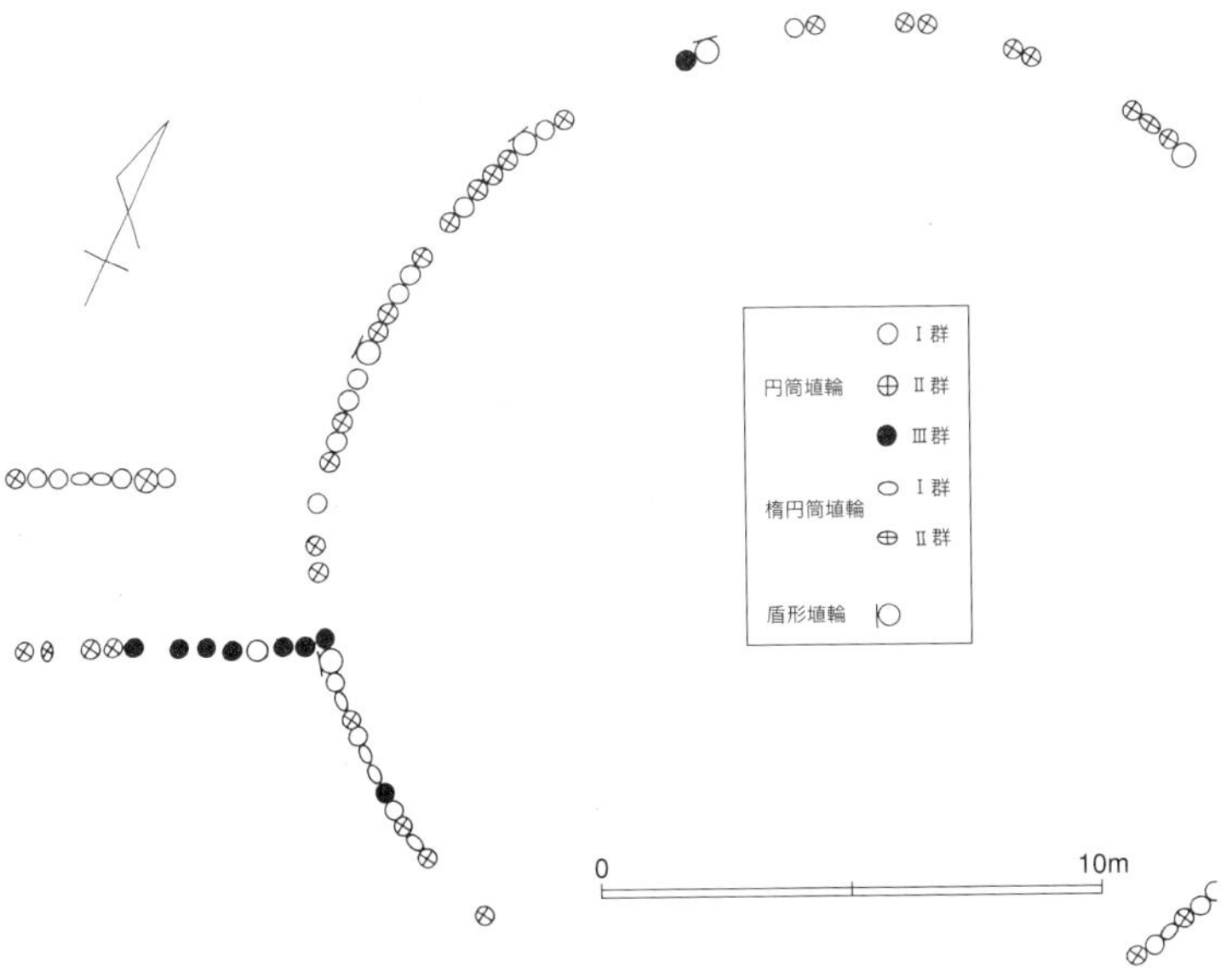

図78　埴輪の配列と埴輪群の関係

ば解決の糸口がみえてくる。

埴輪群と埴輪の配列

昼飯大塚古墳の場合、原位置で埴輪が残っていたため、先に分類したそれぞれの埴輪群に属するものがどこに配置されたのかがわかる点で重要である。さらに、埴輪群全体の構成から、ある程度製作集団の差を反映しているものとみなせば、製作者（集団）と配置の関係が明らかとなる（図78）。

これをみると外来系の製作者の手によるものと考えられるⅢ群は、後円部頂の外周埴輪列には少なくむしろスロープ部南列に偏っているのがわかる。さらに後円部頂にはⅠ群やⅡ群などが多いものの、規則的に並んでいるわけではないことにも気がつく。

埋葬施設やその後の葬送儀礼の空間を演出する後円部頂はおのずと精美な埴輪で揃えられているものと考えがちであるが、在地の製作者（集団）

によるものが多くみられるのである。むしろくびれ部で取り上げた七個体のうち六個体がⅢ群であったり、前方部でもⅢ群が多いという結果からすれば、外来系の製作者より在地の製作者の埴輪が重要な位置に並べられていたことになる。

これは後円部頂が埋葬と葬送儀礼上最も重要な空間でありながらも、埴輪の配列に在地集団がかかわっていたことで、そこで執り行われる鎮魂や辟邪の儀礼が、在地集団の手で行われたことを示唆していると読みとりたい。

またその一方で、埴輪が古墳の造営にともなって、埋葬や葬送儀礼の内容とも深くかかわっていることが改めてわかる。埴輪は単に製品として配置されるだけでなく、その製作から配置までのすべての行為に重要な意味があったと考えられる。

このように解釈すれば、後円部頂から出土した小さな高坏などの土師器や笊形土器なども、在地系の集団の製作による葬具と読みとれ、古墳の造営そのものが在地集団にとって重要な儀礼行為であったことを教えてくれる。

ところで、古墳で用いる一連の葬具やその使い方は、おそらく昼飯大塚古墳の被葬者と密接に関係した倭王権とのかかわりのなかで決められたと思われる。次はこうした葬具の分析をみてみよう。

2　多種多量の玉を観察する

多量の玉を観察する

もう一つ昼飯大塚古墳から多量に出土している遺物に、玉類がある。

現地に残した多数の土嚢袋のなかにもまだたくさんの玉が混じっていたため、調査終了後に一つ一つの袋の土を水洗いしながら篩にかけ、さらに三～四人でこのなかの石を弾きながら小さな玉を探していった（図79）。土嚢袋の数は実に約三千袋あった。

発掘調査で出土した数々の玉については、その後どのように整理していけばいいのか、最初に議論した。その結果すべての玉について必要な項目ごとに観察を行い（図80）、その後で玉を選んで実測し、写真撮影をした（詳細は調査報告書に付属するCD―ROMに収めている）。

約四五〇〇点あまりの玉すべて、観察表にある項目を記入していく作業はたいへんなものであった。これを成し遂げるまでには、林正憲と京都大学の遠山昭登をはじめとする多くの学生らの奮闘があったことを忘れることはできない。

図79　玉類の整理作業
上：土嚢袋の土を水洗いしながら、篩にかける。
下：バットに移して玉を探す。

こうして気の遠くなるような作業を経て、前述のような玉類の個別報告が可能となったわけであるが、ここでは単に事実報告ではなく、小さな多量の玉から新たに「儀礼用具」としての玉を見出した成果をみてみよう。

意味のある墳頂の玉

多様な玉類は竪穴式石室内部か

勾玉用

取り上げ番号	221　年次　H010
出土位置	地区 NE5-5　X= −125.421　Y= −796.602　Z= 34.731
法量（mm）	長さ 14.2　幅 8.4　厚さ 4.4
	抉り幅 8.4　抉りの深さ 2.3
	頭頂部から顎まで 2.9　頭頂部から背頂部まで 小 (同) 大
	孔径 (A) 1.4　(B) 1.1
形態	かどははっきりしている，ややねじれている，孔Bに剝離痕，かどで接する
研磨	研磨の有無　あり
	研磨の方向（側面）　ほとんど見えない
	研磨の精粗　擦痕をほとんど消す
穿孔	両面・(片面)　(直接)・押圧
腹部の整形	削り・(研磨)　面をなさない
材質	石材 滑石　硬さ 緻密　風化具合 わずかに風化
色調	①−1−C
磨滅	孔まわり 特になし
その他	

(臼玉)、棗玉、算盤玉用

取り上げ番号	221　フルイ
出土位置	地区 SW盗掘坑 No.3　X=　Y=　Z=
法量（mm）	長さ(厚さ) 1.3　直径 4.5　孔径 (A) 1.5　(B) 1.4
	端面の直径 (A) 3.8　(B) 3.9
形態	稜（側面）有　丸み（側面）なし　その他
研磨	研磨の有無　側面 有　端面 有
	研磨の方向（側面）　孔に平行・右上がり・右下がり・その(他) 不明
	研磨の精粗　精
穿孔	両面・片面　直接・押圧
材質	石材 滑石　硬さ 堅緻　風化具合 なし
色調	
磨滅	かど なし　孔まわり なし
その他	孔内面に赤色顔料付着。 孔不整形。

図80　玉類の観察カード（部分）

らもち出されたもののほかに、もともと後円部頂の特定の範囲に置かれた一群があった。

一般に玉類は副葬品の一部として知られる。だから後円部頂から出土した玉などは、盗掘によって散らばったものと理解されるのが通常であった。

しかし、出土状況からみて後円部にとって意味のあるものと考えた一群は、一つ一つを観察していくうちに滑石製管玉などには赤色顔料がまったく付着しておらず、他の管玉とも異なった位置から出土していることがわかってきた。

ここにいたって、後円部頂では滑石製玉類を中心にしたなんらかの儀礼があったのではないかと推察するようになった。これもていねいな観察とともに発掘作業中に一つ一つの玉を根気よく記録した作業による成果と思うと、現場での調査方法が間違っていなかったのだと安堵した。

こうして新たにわかった儀礼用具としての滑石製玉類に着目した林は、それらの出現について次のような興味深い指摘を行った。

葬送の玉類

滑石製玉類は四世紀後半に登場すると考えられているが、関東地方ではおもに管玉と勾玉がセットになる装身具を模倣するのに対し、近畿地方では新たな葬具として多量の臼玉が出現したと考えた。

滑石製玉類の出現をこのように地域と用途に分けて考えた新しい視点であるが、このことは昼飯大塚古墳での葬送儀礼を考える上でも重要な指摘といえる。

古墳から出土する玉のなかでは、これまでにも装身具として緑色凝灰岩《りょくしょくぎょうかいがん》製管玉や硬玉《こうぎょく》製勾玉、ガラス製小玉などが墳丘上から出土したり、埋葬施設内でもしばしば遺骸から離れた位置から出土することが指摘されてきた。そのときの玉の用途は副葬品ではなく、着装されない玉類として理解されており、昼飯大塚古墳の後円部頂でみつかった玉類は、こうした装身具ではない「儀礼用具」ではないかと考えている。一般に多量化傾向を示す滑石製玉類、そのなかでもかならず多量となる臼玉は、近畿地方の新たな儀礼行為にともなう儀礼用具として出現したものとみるならば、昼飯大塚古墳でも葬送儀礼のなかに取り込まれたと考えてよいだろう。

いずれにしても滑石製でかつ多量の玉は、昼飯大塚古墳において重要な役割を果たした儀礼用具であったことがわかった。

3　刀剣の構造を探る

鉄製品の処理手順

第三の木棺に埋葬された人物には多量の鉄製品が副葬され

ていた。そのなかでも剣や刀には木鞘が残っており、その構造を調べる上で貴重な手がかりとなった。一般に鞘などの有機質は、地中にあると腐ってしまうことが多いからである。

さて、以下ではこうした鞘などの構造を調べていく手順を述べるが、それは刀剣自身の保存処理とともに行われる。鉄製品は、取り上げた直後は土のほか錆が一面に付着している。そこでまずX線撮影により内部の様子を観察し、どこまでクリーニングして錆を削り落としていいのかを判断し、そしてX線写真をみながら、グラインダーで削り落としていくのである。グラインダーの音や生じる粉末に気をもむ一瞬である。

刀剣の実測作業　この作業が終わると、次は実測図を作成する。このとき、鉄製品のどこまでが本来のもので、どこから錆に浸食されているのか見極めながら、さらに鞘の構造をみるという鋭い観察眼が必要だ（図81）。

実測図は阪口らの提案で一本の刀剣を、佩表《はきおもて》、佩裏《はきうら》、背側、刃側の四面とも図化することになった（図82）。通常の実測作業の二倍となる作業量であるが、この成果は調査報告書に掲載され、保存処理前の写真とX線写真を並べ対比ができるように工夫されている。

実測図が完成すると、写真撮影を行い科学的な保存処理を施す。保存処理は錆をともなう金属器には必要な処理であるが、処理後は樹脂の影響でどうしても色や質感に変化が生じてしまうため、保存処理前の写真も重要な記録である。

京都大学の橋本英将らは、こうした作業を二〇本すべてに対して行った後、鞘構造を分析した。彼はすべての刀剣に共通して残っていた鞘口装具に着目し、その構造と特徴を明らかにした（図83・84）。

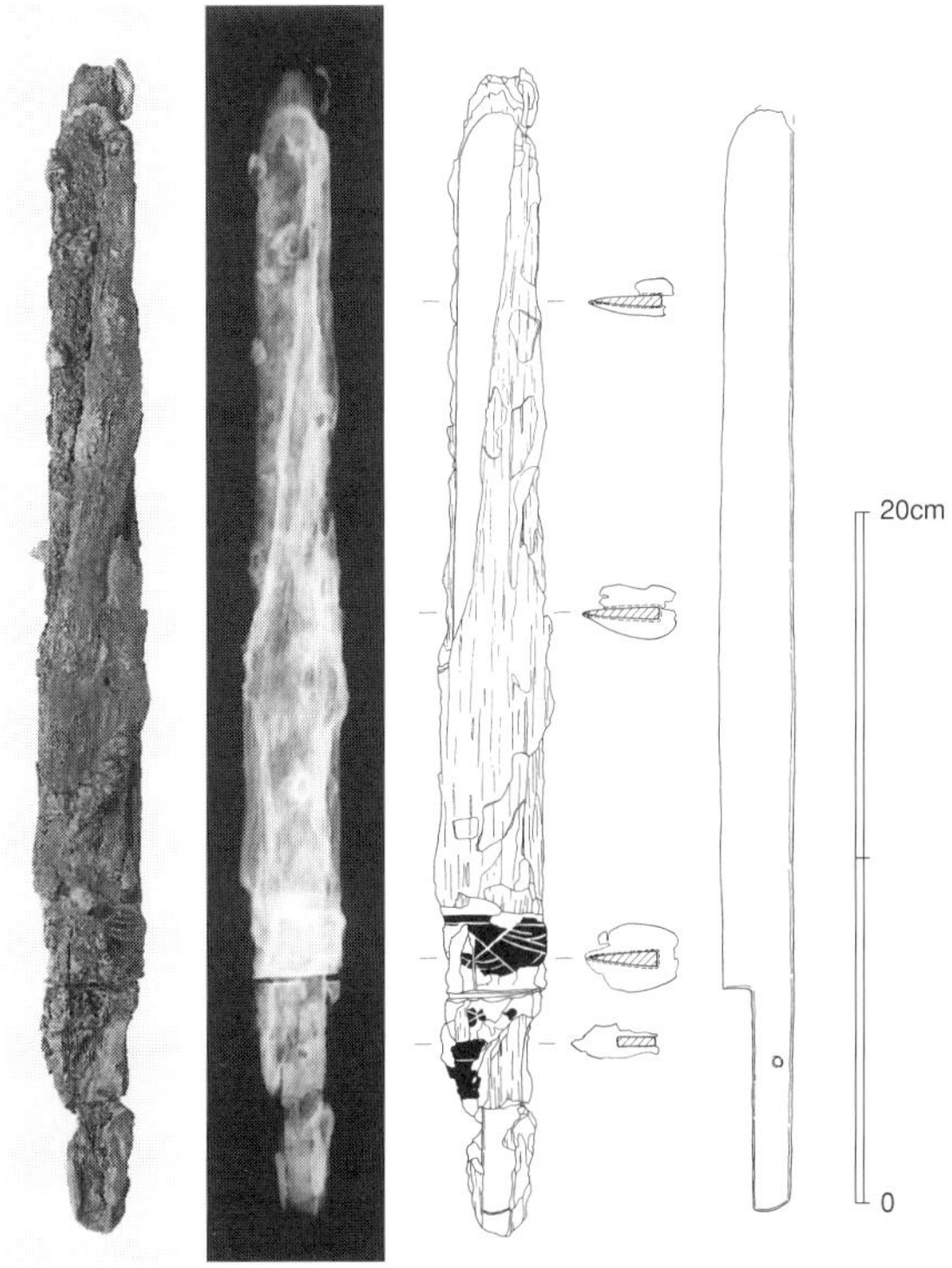

図81　鉄製品（刀８）の図化過程

左：処理前写真　中：X線写真　右：実測図と刀身の推定

刀装具の復元

刀装具については、鞘身は佩表の部材と佩裏の部材の二枚合わせで構成し、刀身は佩表側のみに削り込まれたなかに納める構造であった。鞘口装具のなかには、鞘身を結合部分だけ削りだして差し込み、外面に下革のようなものを巻き付けて、その上を漆で塗って文様を刻んでいるものもあった。柄装具については柄縁装具と柄間装具が残っていたものの、柄頭までは確認できず、全体を復元するにはいたっていない。

柄縁装具の平面形は長方形と台形が溝を挟んでつながることから、柄間装具とは別材でつくりだしていることをつかんでいる。また、柄縁装具にも下革を巻いた上に漆を塗っているが、なかには柄縁装具の長方形部分にだけ直弧文を刻むものもあって目をみはった。こうして柄縁装具に茎《なかご》を通し、柄間装具には詰め材をはめ込み目釘を通して組み立てる構造を

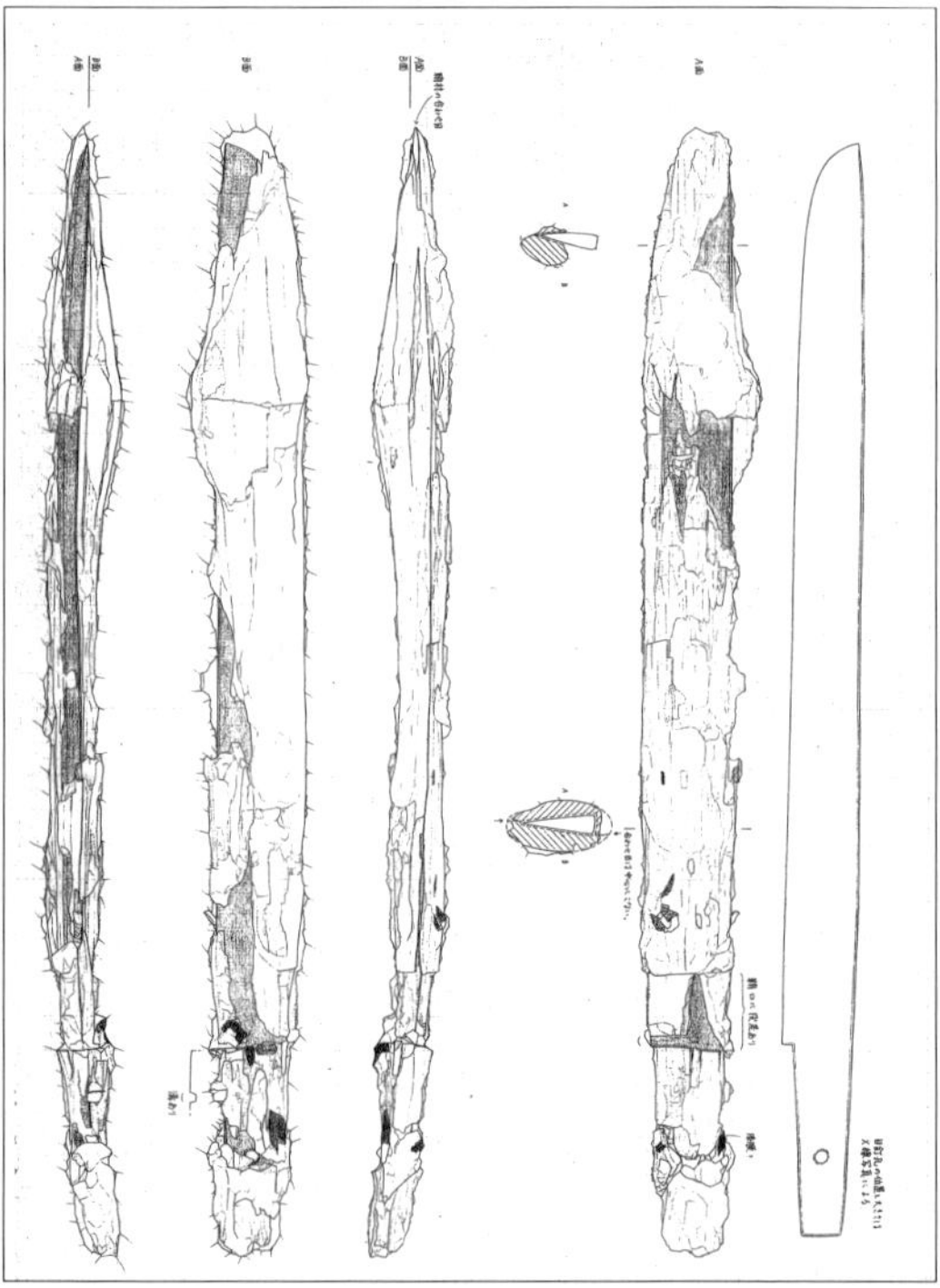

図82　刀10の実測図（1/3）（原図）

明らかにしている。

剣装具の復元

剣装具については、長さと柄装具の形態から二種類復元している。一つは剣身の幅が狭く柄縁装具の平面形が長方形のもの（Ⅰ類）、もうひとつは剣身幅が広く柄縁装具の平面形が長方形と台形を結合したもの（Ⅱ類）である。

Ⅰ類の鞘身は二枚合わせで、刀と同じように鞘口装具には別材を用いている。柄部は柄縁・柄間を一木でつくり、その上に漆を塗っている。茎は柄縁端部から直接削り込んではめ込んだと思われる。

一方、Ⅱ類の鞘身はⅠ類と同様二枚合わせであるが、鞘口装具についてはよくわからなかった。柄部は柄縁と柄間が一木となり、二枚合わせや茎の落とし込みを観察することはできていない。ただ、漆は柄縁装具のみに認められ、柄間装具には塗られていない点はⅠ類と違う。

いずれにしても古墳時代前期から中期にかけての刀剣構造の一端を明らかにできた点は大きな成果であった。

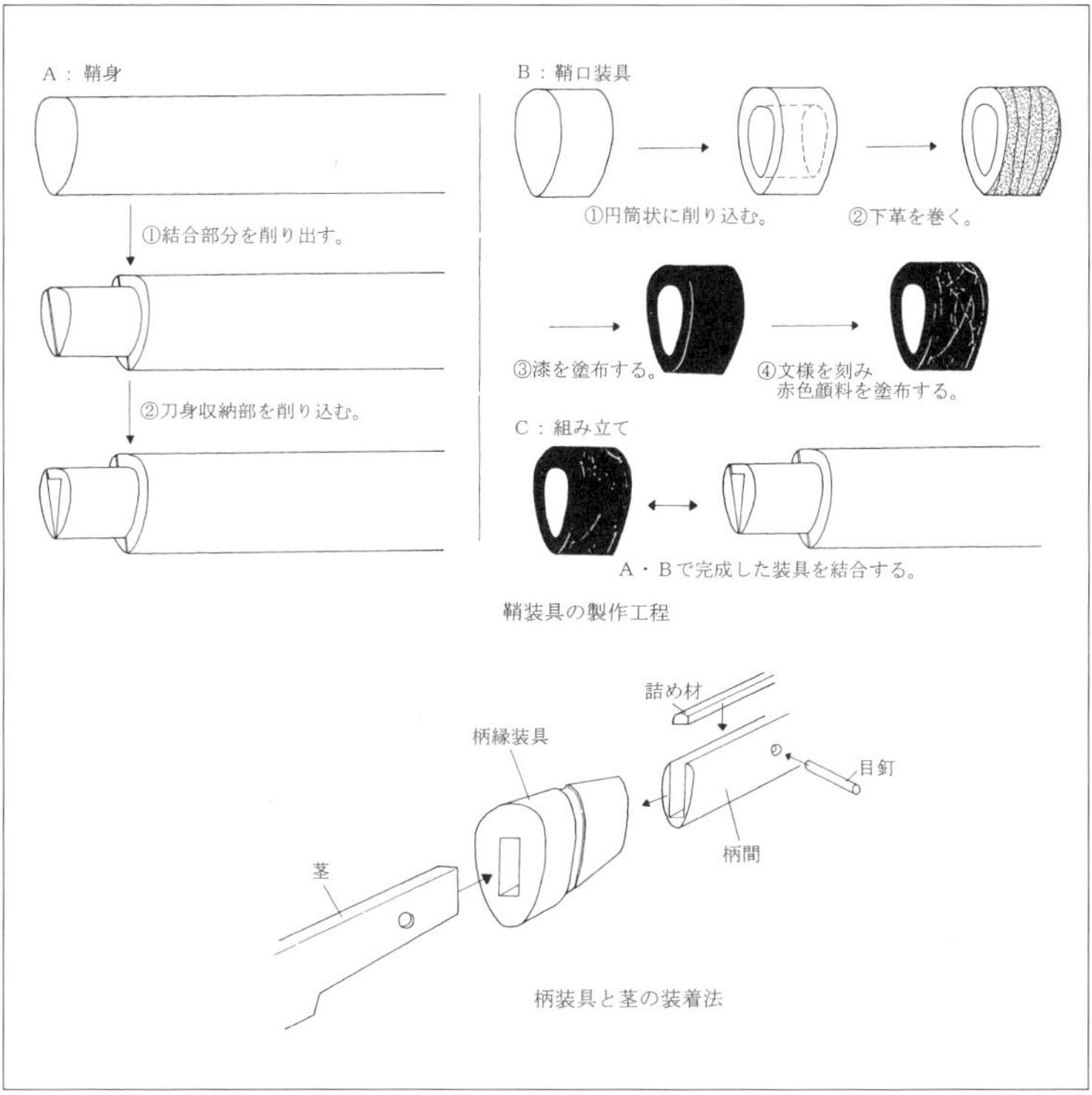

図83　刀装具の復元

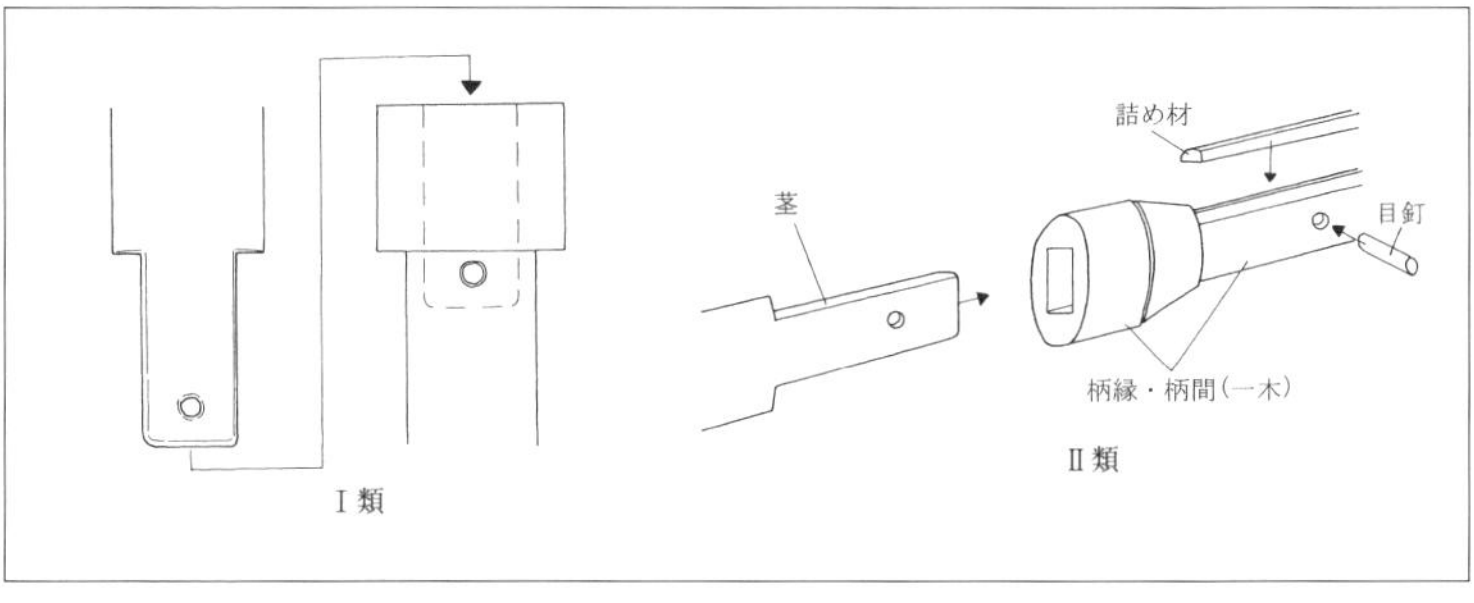

図84　剣装具の復元

4 科学的分析からわかったこと

考古学的な観察と分析に加え、科学的な分析による調査成果もある。たとえば、多量に出土した玉の原料産地がどこなのか、多数製作された埴輪の粘土はどこから運ばれてきたのか、刀剣の製鉄技術やその原料はどのようなものかなど、さまざまな疑問に対して科学的分析はひとつの導きをはたしてくれた。これらのうち代表的な分析成果を紹介しよう。

埴輪粘土の違い

今回の調査により昼飯大塚古墳には多数の埴輪が並べられたことがわかった。たくさんの埴輪をつくるためには、その材料となる粘土も大量に必要となる。はたしてその粘土をどこから採取してきたのであろうか。

この問題を探る手がかりは、原料となる粘土の産地を探ることにある。こうした「産地同定」という研究に長年取り組んでいる三辻利一は、岩石に含まれる元素のうち、K、Ca、Rb、Srに注目して定量分析を行う。

昼飯大塚古墳から出土した埴輪のうち、原位置の判明する埴輪破片に蛍光X線をあてて定量分析を行ったところ、四つの元素のうちRbとSrをみると明らかに二種類の胎土から構成されていることがわかった（図85）。

A群とB群に分けた二種類の胎土は、先の肉眼観察による胎土A類と胎土B類にほぼ対応し、NW区・SW区の半分とNE区・SE区の東半分で違いがみられるのである（図86）。

このことから埴輪に使われた粘土には少なくとも二つの種類があり、複数の採取地を想定することができるという。さらに、埴輪分類でみたよう

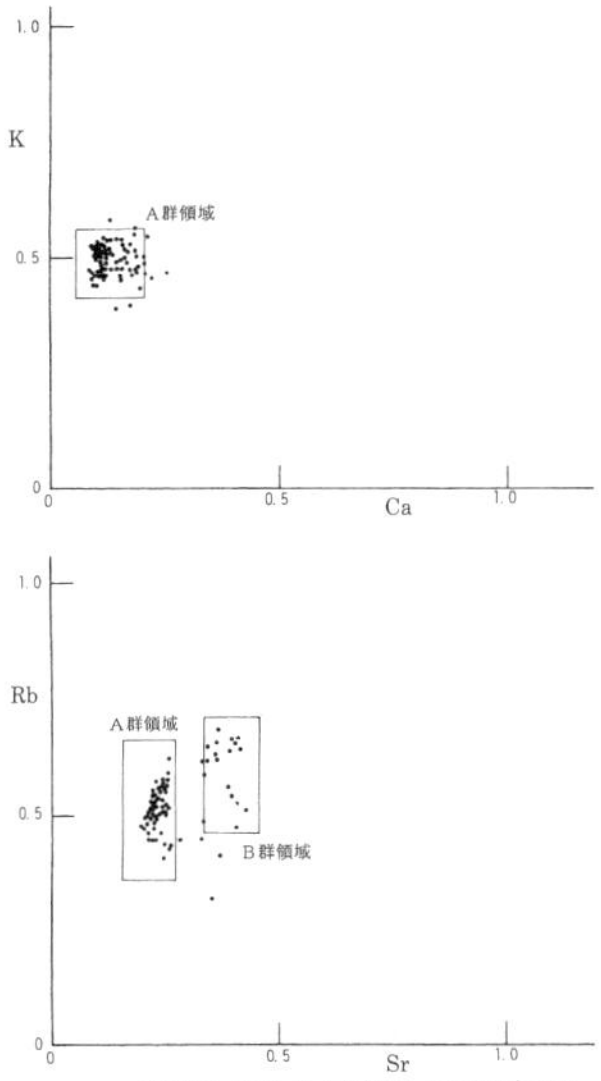

SW 区出土埴輪の両分布図

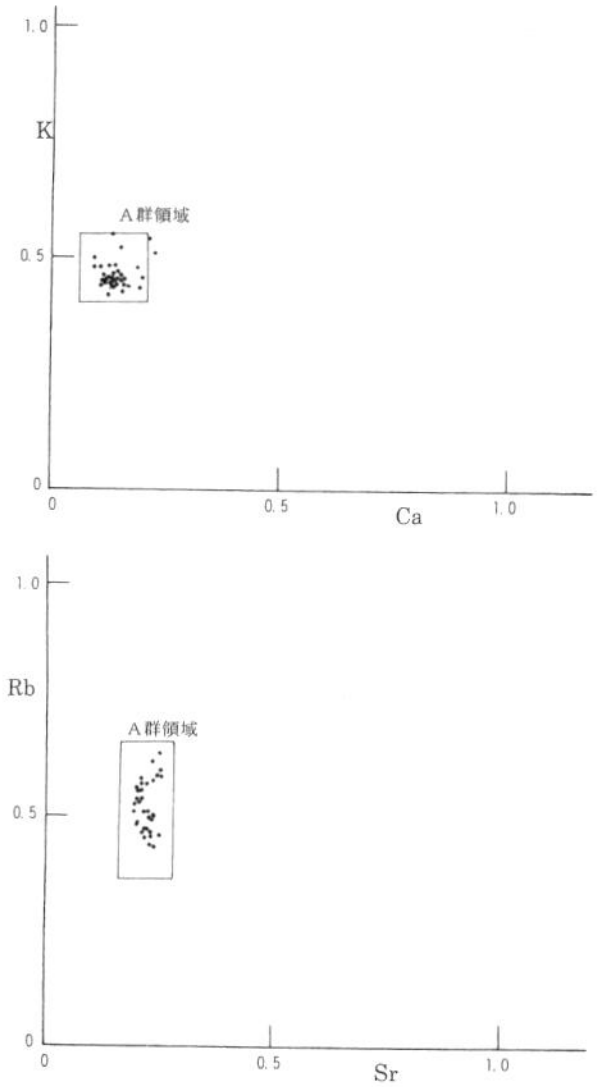

NE 区出土埴輪の両分布図

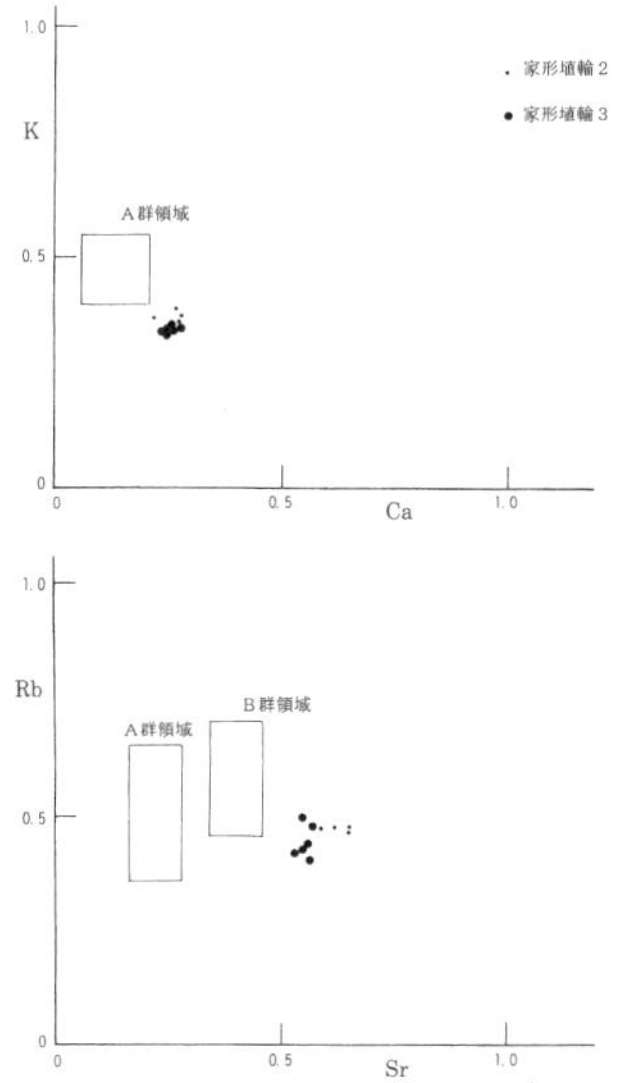

家形埴輪 2・3 の両分布図

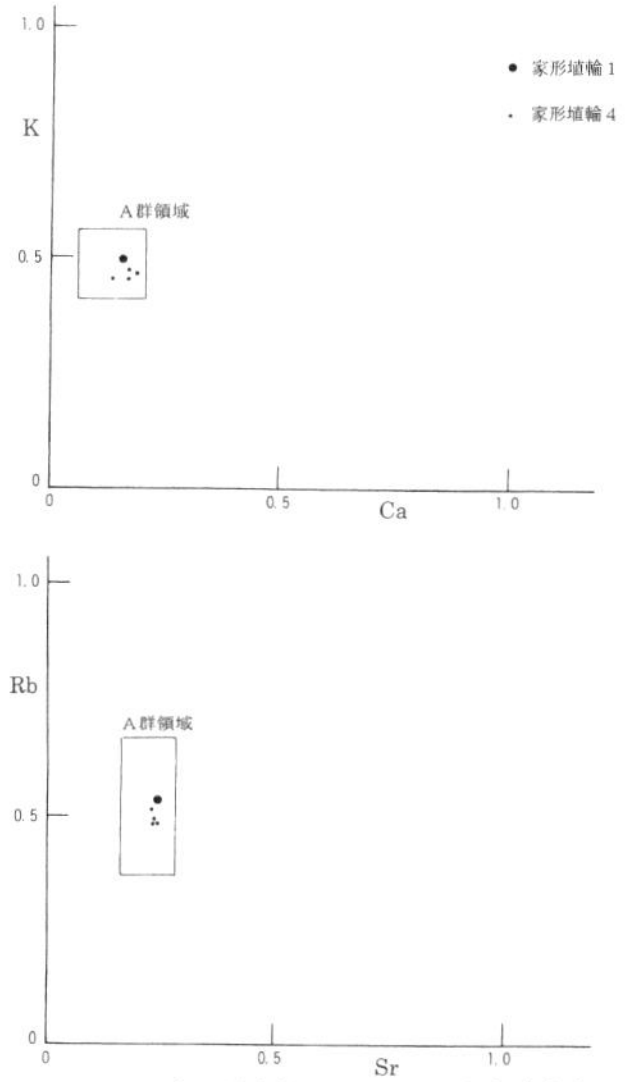

家形埴輪 1・4 の両分布図

図85　胎土分析の結果

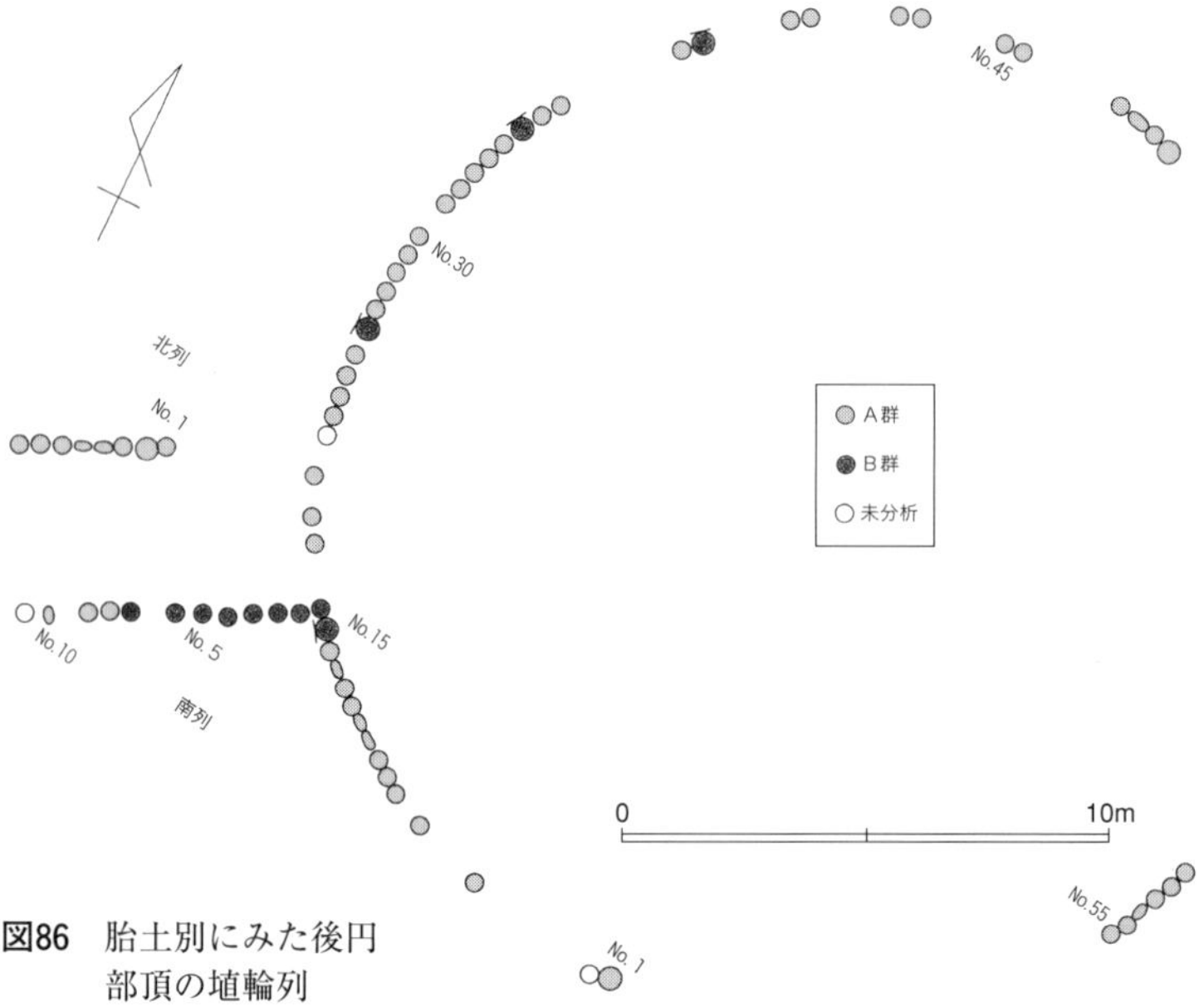

図86　胎土別にみた後円部頂の埴輪列

に胎土による配置の違いにも言及することができたのである。

また、雛形品となる土器の胎土にも二種類あり、埴輪の胎土と共通することがわかった。どうやら埴輪と土器の粘土材料は同じ場所からもち込まれた可能性が高い。

鉄の原料は何か

昼飯大塚古墳から出土した多量の鉄製品は、いろいろな意味で注目できるが、その一つに原料の問題がある。

それはこの地に赤鉄鉱を産出する金生山があり、これを背景に多くの古墳を造営する経済的基盤が形成されたとする考えが八賀晋から提起されているからである。昼飯大塚古墳と目と鼻の先にある金生山の鉄鉱石を使えば鉄生産が可能となる。そんなことから昼飯大塚古墳の鉄製品の分析に注目が集まった。

そこで鉄製品を保存処理する過程で、一本の刀から一・三四グラムを採取し分析を行ってみた。分析を行ったのは大澤正己で、こうした鉄器をこれまで多数分析してきた研究者である。大垣の赤坂金生山にも足を運び、過去にはここの赤鉄鉱も分析している。

大澤の分析によれば、非金属介在物からはチタン（Ti）、バナジウム（V）、ジルコニウム（Zr）が含まれないことがわかった。すなわち、分析した刀の製鉄原料は鉄鉱石と判断されたのである。しかし、注目された金生山赤鉄鉱に特有の元素である砒素や銅は検出されず、直接金生山の赤鉄鉱石とは関係がないことがわかった。

ただ注目すべきは、刀が「低温還元直接製鋼法」とよばれるそれまでの国産の鉄製品にはみられない技術で製作された可能性があるという点であった。

低温還元直接製鋼法は、現在のところ朝鮮半島に起源を求めるしかないと大澤は指摘する。この考えにしたがえば、昼飯大塚古墳の鉄製品のいくつかは朝鮮半島産の製品であり、それが海を渡ってはるばる大垣の古墳に副葬されたことになる。

Ⅶ　昼飯大塚古墳築造の歴史的背景

1　前方後方墳と前方後円墳

集中する前期古墳

序でも触れたように、大垣周辺は美濃のなかでも多くの古墳が分布し、とりわけ前方後円墳や前方後方墳が密集する地域である。こうした造墓活動は古墳時代を通じて連続していたわけではなく、大垣周辺では四世紀中葉から五世紀前葉にかけてみられる現象である。

この造墓活動が活発化する前夜に、この地域では前方後方墳が弥生時代からの残影として登場し、昼飯大塚古墳に代表される前方後円墳が波及したのちも継承され、異なる墳形が同一地域に共存する社会を形成した。そのことを少し具体的にみてみよう。

その前方後方墳を考える上で注目すべき遺跡がある。昼飯大塚古墳と同じく牧野台地に立地する東町田遺跡では、方形周溝墓のほかその一辺に突出部をもつ「前方後方墳」が確認されている。なお、遺構の評価からすれば、「前方後方形墳丘墓」と表記すべきであるが、冒頭で時期区分についての立場を述べた際に記したように、この遺構の年代が古墳時代に属するためこのように表記する。

　こうした前方後方形墳丘墓がのちの前方後方墳へと発展するとも推測されているが、大垣の矢道高塚古墳や粉糠山古墳を検討するかぎり、その説明をあてはめることはむずかしく、さまざまな影響による成立の道すじがあると考えられる。

　いずれにしても大垣では、弥生時代から古墳時代にかけて前方後方形墳丘墓や前方後方墳が展開するなかで、花岡山古墳や矢道長塚古墳などの前方後円墳が築造される。このことを具体的に理解するため、それぞれの葺石・埴輪などの外表施設や埋葬施設の構造、副葬品などを比較してみると、その違いがよくわかってくる（表4参照）。

　すなわち前方後方形を採用する古墳には、葺石や埴輪がないものが多く、副葬品にも三角縁神獣鏡や腕輪形石製品が含まれていない。その一方で、前方後円墳は葺石や段築そして埴輪を採用し、三角縁神獣鏡や腕輪形石製品が副葬されるという差を読みとることができる。

　前方後方墳と前方後円墳は墳形の違いのみならず、さまざまな要素においても違いがあるわけで、このことからも生前の被葬者の性格や政治的立場を考える手がかりを得ることができる。

2　不破の前期古墳とその推移

不破の首長墓群

　昼飯大塚古墳を取り巻く地域首長墓は、造墓の基盤となった勢力の動きを敏感に反映している。ここでは昼飯大塚古墳が築かれた地域―不破郡を取り上げ、その動向をみてみよう。

　不破郡は池田山と南宮山の間に挟まれた地域で、行政区では関ヶ原町、垂井町、養老町と大垣

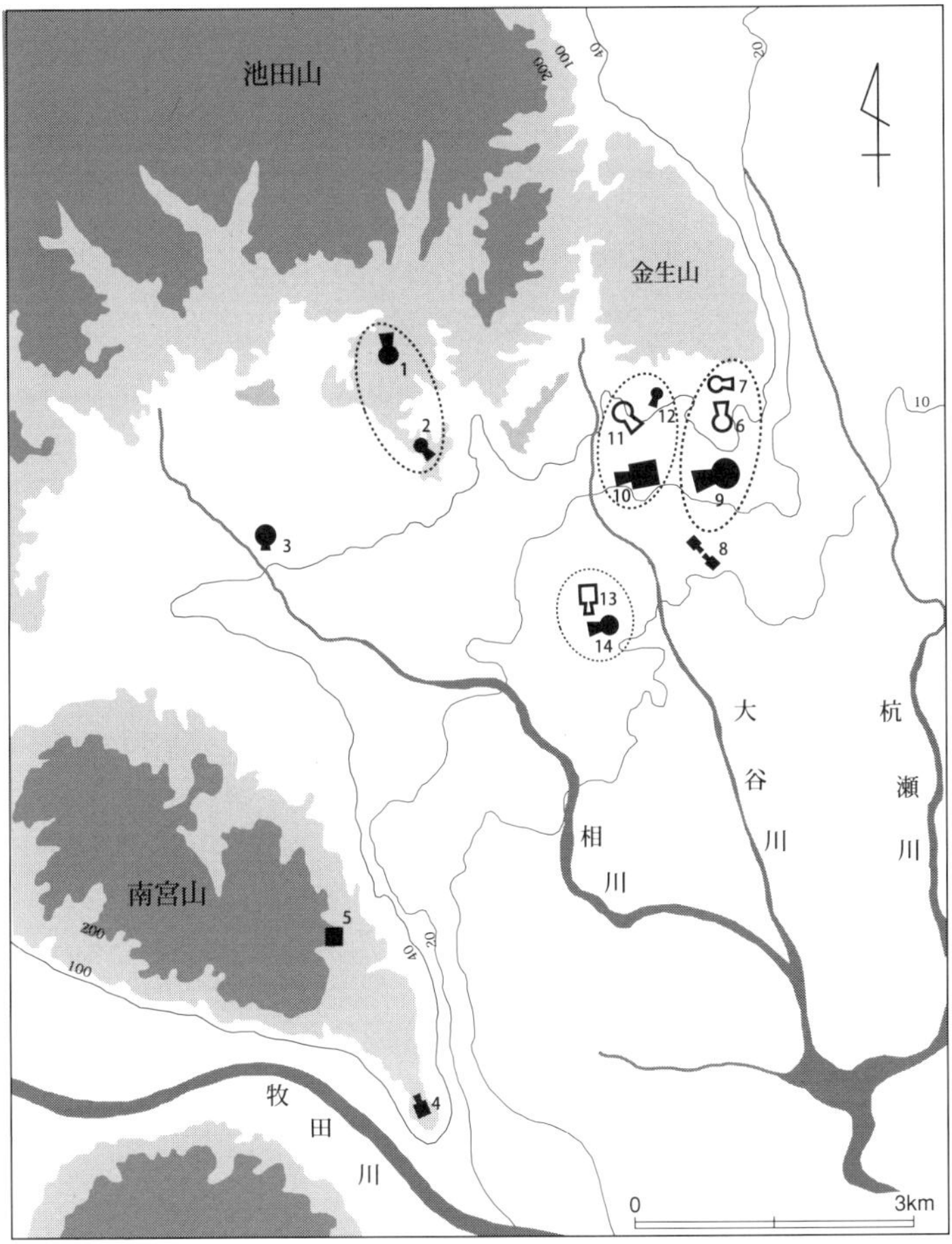

垂井北群グループ
1．親ヶ谷古墳
2．清塚4号墳
垂井南群グループ
3．忍勝寺山古墳
4．象鼻山1号墳
5．南山5号墳
昼飯グループ
6．花岡山古墳
7．花岡山頂上古墳
8．東町田遺跡
9．昼飯大塚古墳
青墓グループ
10．粉糠山古墳
11．遊塚古墳
12．八幡山古墳
矢道グループ
13．矢道高塚古墳
14．矢道長塚古墳

図87　不破古墳群の前期首長墓分布図

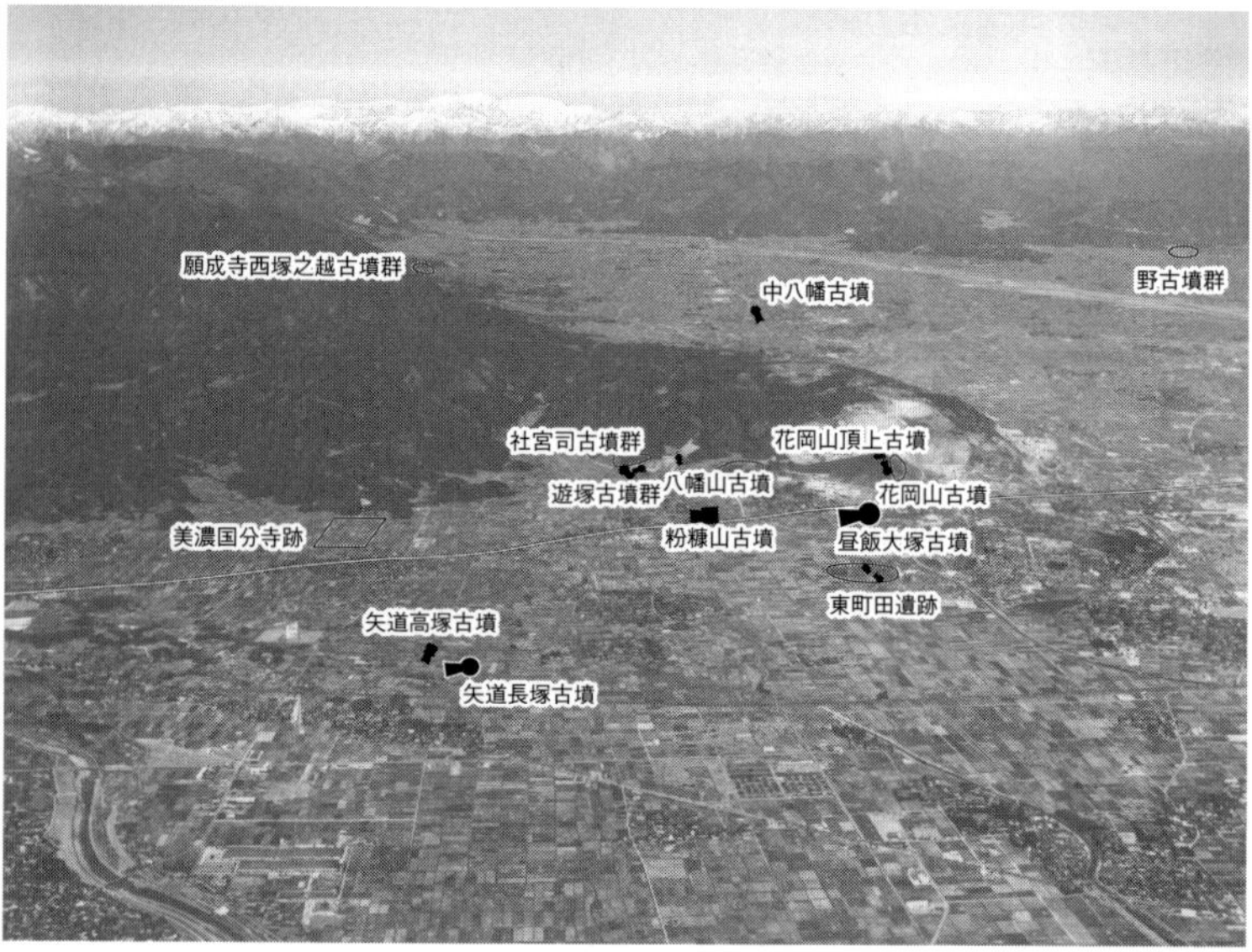

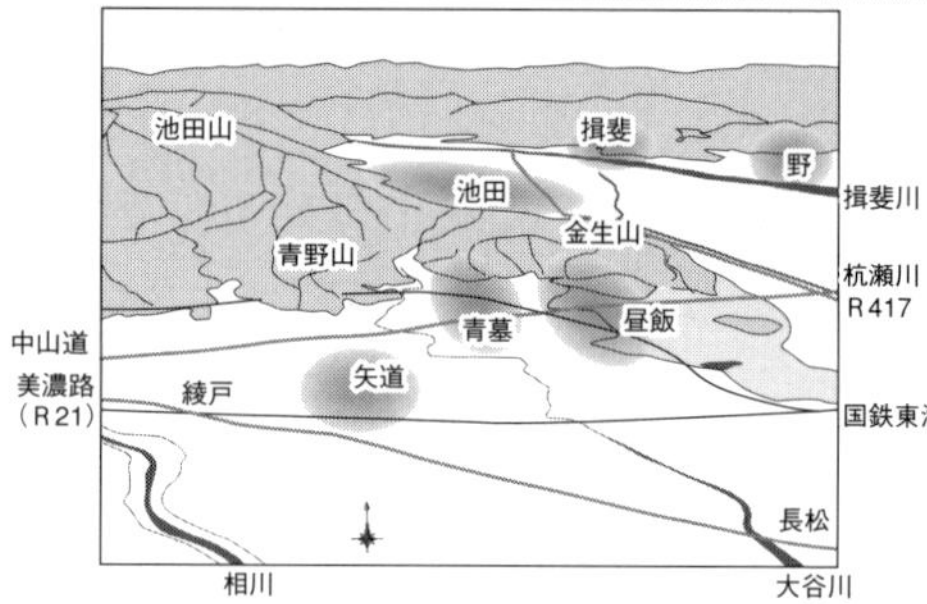

図88　不破東部の古墳領域

市北西部にまたがっている。不破郡における古墳群については、かつて楢崎彰一が池田山南麓から南宮山山麓に挟まれた不破郡の平野を基盤とする古墳群として「不破古墳群」の名称を与え、垂井北部古墳群、垂井南部古墳群、赤坂古墳群、長塚古墳群といった四つの古墳群に分けている（図87）。

これらの古墳群を首長墓系譜からとらえると、垂井系譜（北群・南群）と赤坂系譜（昼飯系譜・青墓系譜・矢道系譜）の二つの系譜と五つの小系譜に分けて読みとること

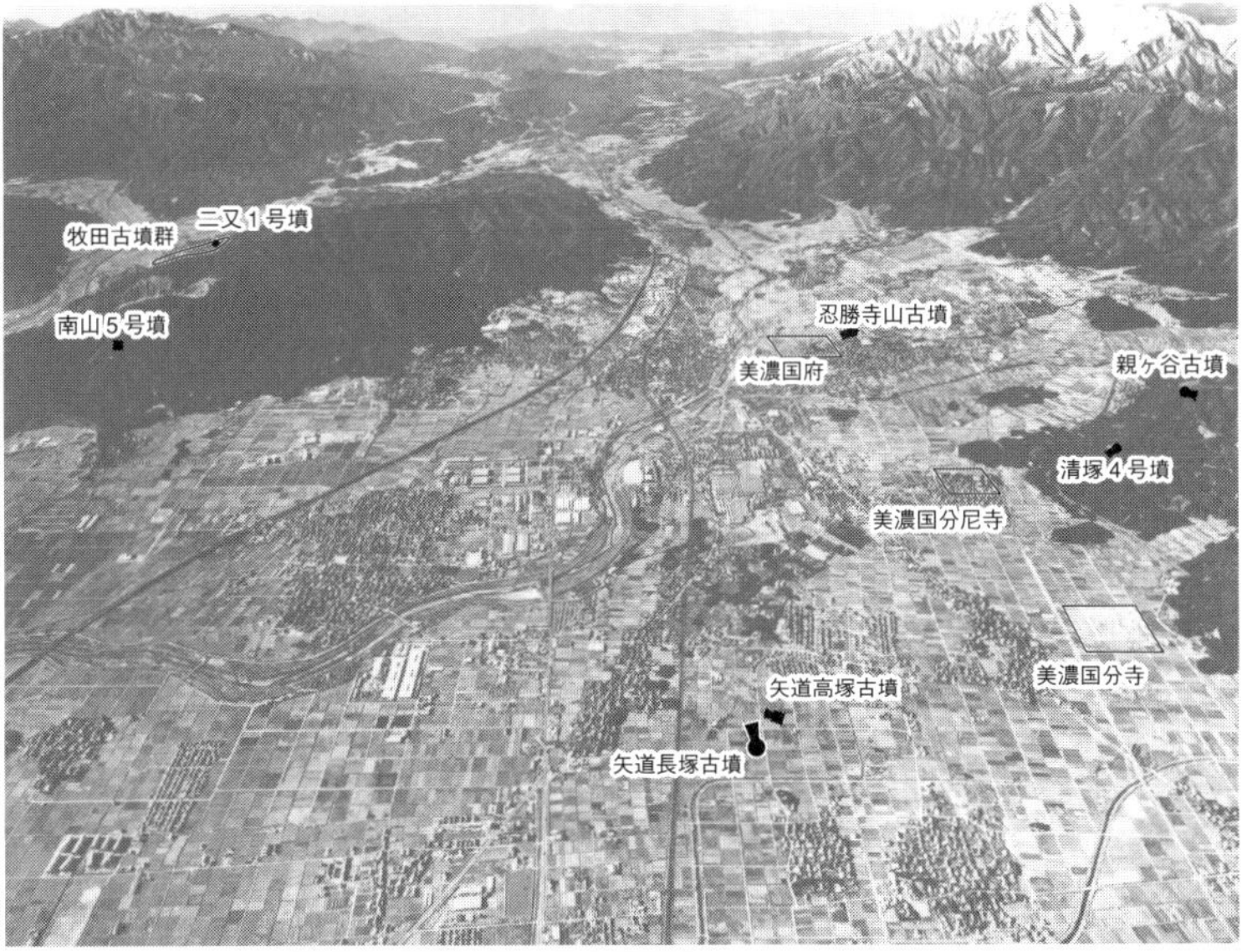

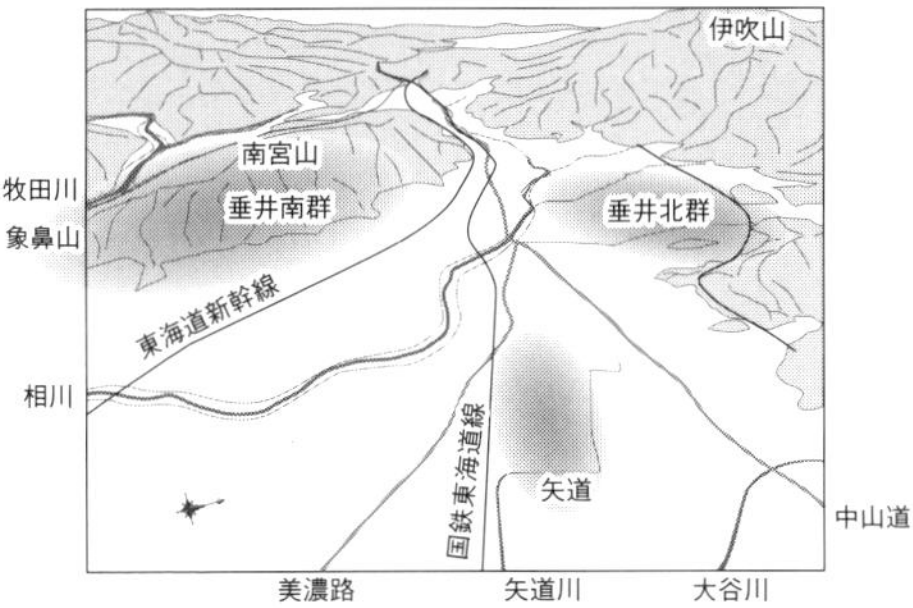

図89　不破西部の古墳領域

ができる。これは赤坂古墳群と長塚古墳群を一つに統合した上で、再整理を試みた結果である。まずこのことから説明をはじめよう（なお、ここでは小系譜をグループとよんでおきたい）。

垂井北群グループ　このグループは現在の垂井町を中心としたエリアで、相川を挟んだ北部に相当する。山地と平野の両方にまたがるが、この地形によって分類は可能である。盟主的首長墓として丘陵山頂に立地する親ヶ谷古墳（前方後円墳・八五《メートル》以上）があり、その後は清塚《きよづか》四号墳（前方後円墳・三五・二メートル）などの地域首長墓が後続するものの、平地にも石製合子や銅鏃の出土を伝える忍勝寺《にんしょうじ》山《やま》古墳（帆立貝形古墳・約六〇メートル）が築造される。

垂井南群グループ

このグループは相川の南部、南宮山を中心とするエリアで、垂井町と養老町、大垣市上石津町の一部を含む。ここではまず象《ぞう》鼻《び》山《さん》古墳群が形成され、一号墳（前方後方墳・四〇・一メートル）を中核に東山麓には二段築成となる南山五号墳（方墳・一辺約五〇メートル）を含む地域首長墓が支群ごとに形成される。

昼飯グループ

このグループは池田山の南に位置する金生山を背景としたエリアで、花岡山と牧野台地に分布する古墳群で構成される。盟主的首長墓の花岡山古墳（前方後円墳・約六〇メートル）が築造される以前には、牧野台地においては「前方後方墳」（前方後方形墳丘墓。二号墓・二二メートル、一〇号墓・一七・四メートル）を採用する東町田遺跡が展開する。そして後に同じ台地上で盟主的首長墓の昼飯大塚古墳（前方後円墳・約一五〇メートル）が築かれる。

青墓グループ

このグループは牧野台地の西を流れる大谷川による扇状地を中心としたエリアで、昼飯グループの造墓基盤とは地形上大きく異なる。盟主的首長墓の粉糠山古墳（前方後方墳・一〇〇メートル）は、昼飯大塚古墳と築造時期が近い。

その後、遊塚古墳（前方後円墳・八〇メートル）が独立丘陵上に築造され、それに近接して地域首長墓の八幡山《はちまんやま》古墳（前方後円墳・四一メートル）も造営される。

矢道グループ

このグループは昼飯・青墓両グループとはやや距離をおいた扇状地上のエリアで、矢道高塚古墳（前方後方墳・

約六〇メートル）と矢道長塚古墳（前方後円墳・約九〇メートル）で構成される。

　高塚古墳は大正年間に削平された前方後方墳と考えられ、廻間Ⅱ式後半以後の築造が推定される。竪穴状石槨や古相の倣製鏡から矢道長塚古墳より先行する可能性が高い。一方、矢道長塚古墳は第Ⅰ章で触れたように盟主的首長墓とみなせる前期古墳として知られる。

盟主的首長墓の連続性　以上のようなグループ（小系譜）のなかで、それぞれの盟主的首長墓は、垂井北群の親ヶ谷古墳、昼飯の花岡山古墳と昼飯大塚古墳、青墓の粉糠山古墳と遊塚古墳、矢道の矢道長塚古墳が該当する。

　これら盟主的首長墓の築造順序は、まず昼飯グループの花岡山古墳が築造され、次いで垂井北群グループの親ヶ谷古墳、その後矢道グループの矢道長塚古墳となる。青墓グループでは粉糠山古墳、昼飯グループからは昼飯大塚古墳がほぼ同時期に対峙するかのように登場し、その後青墓グループの遊塚古墳が築造されたと考えている。

　このように考えれば、昼飯大塚古墳が築造された不破は、盟主的首長墓が前期から中期にかけて連続して登場し、少なくともその候補が六基にのぼることがわかる。昼飯大塚古墳が築かれた時代には、その前代からも継続する勢力がこの地にあり、その後も受け継がれたと理解してよい。

3　昼飯大塚古墳築造の歴史的意義

造墓の地域内事情　盟主的首長墓の築造が特定の造墓基盤からではなく、垂井北群、昼飯、青墓、矢道といった小系譜を形成する異なる基盤から輩出されていることは重要で、注目してよい。おそらく不破の特別な政治的事情

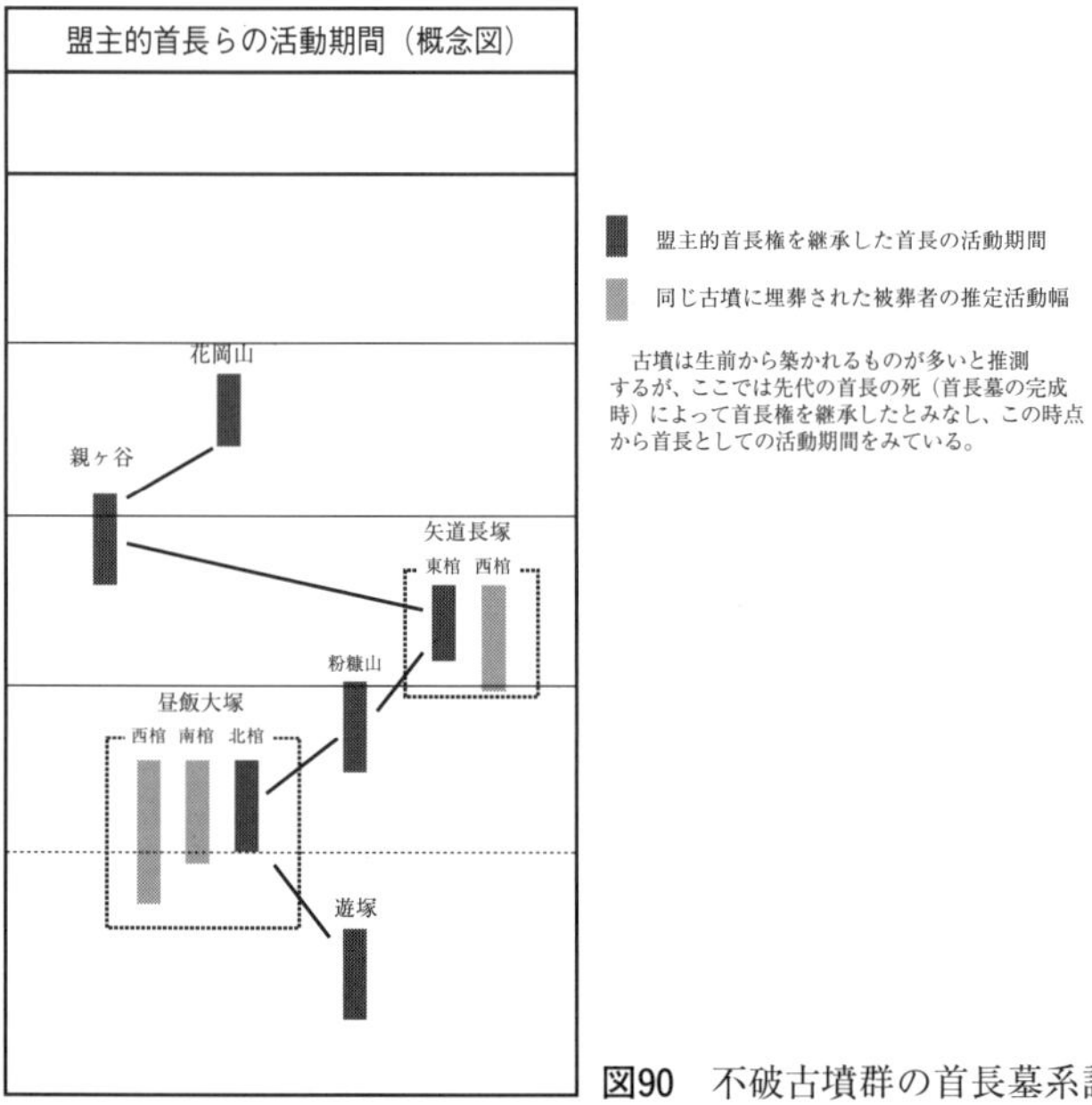

古墳は生前から築かれるものが多いと推測するが、ここでは先代の首長の死（首長墓の完成時）によって首長権を継承したとみなし、この時点から首長としての活動期間をみている。

図90　不破古墳群の首長墓系譜

によるものと推察されるが、さらにミクロな視点でみると首長墓系譜からは複雑な状況を読みとることができる（図90）。

一つは墳形の違いと造墓基盤での墓制のあり方である。東町田遺跡の二号墓と象鼻山古墳群の象鼻山一号墳はともに前方後方形を採用するものの、前者は周辺に方形墓などの伝統的な墓制を残しつつ突出部をもつ墳丘へ展開し、後者は同じような小型墓を群集しつつも高所に単独墳として造墓される。首長が共同墓地から飛び出していく様相がうかがえるのである。おそらく矢道高塚古墳が築造される頃には、前方後方墳が単独墳として地域で定着する一方、新たに前方後円形を採用する首長墓の築造が活発化する。

さて、単独の首長墓は、その後も継続して不破の地に登場するが、丘陵頂と山頂に築かれた花岡山古墳と親ヶ谷古墳は、この地ではじめて前方後

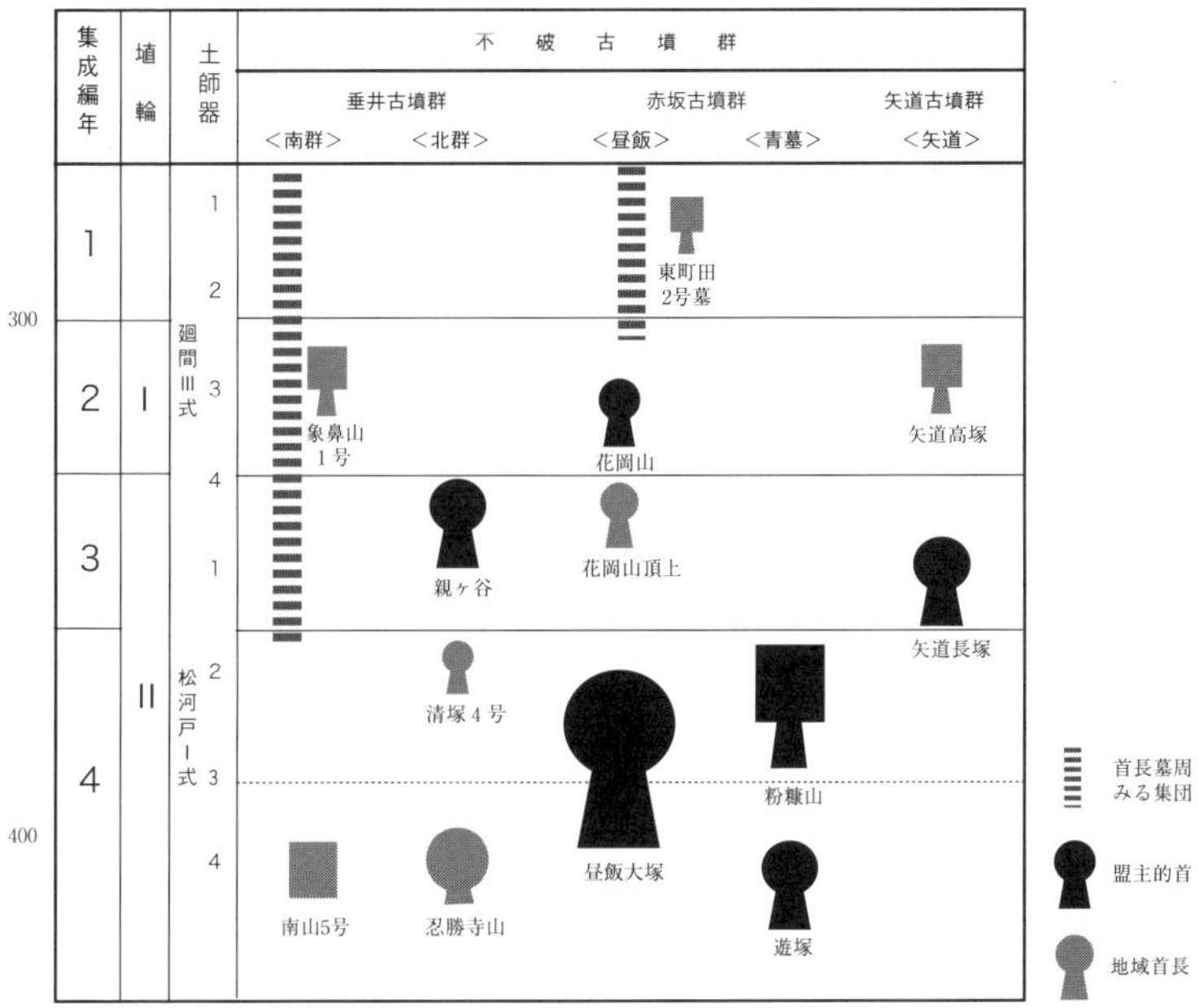

円墳を採用した首長墓である。このうち花岡山古墳は竪穴式石室と古相の船載三角縁神獣鏡を保有するなど強い中央志向をもち、親ヶ谷古墳も痩せ尾根を利用しながらも前方後円形への強い志向をもつ。この親ヶ谷古墳にいたっては墳丘長が八〇メートルを超えるなど、これまで以上に規模が卓越し、不破の首長墓は前方後円墳を基軸とする系譜を形成して、不破の地に定着する。

造墓の対外的背景　もう一つは倭王権を含む対外的関係である。もともと地方に前方後円墳が登場する背景には、倭王権との濃密な連携が想定されるものの、その象徴ともいえる前方後円墳の波及は、「前方後円形」の墳形の採用だけにとどまらず、墳丘構築や葺石などにみられる技術的支援、竪穴式石室の導入、三角縁神獣鏡や腕輪形石製品にみられる威信財の配布が重なっている。

副葬品								
車輪石	石釧	容器形	滑石製品		武器		農工具
					銅鏃 3	鉄剣 5 鉄刀 1	鉄斧 1
4		合子 2、壺 1、高坏 1、四脚付盤 1、壺 1	二重口縁壺 2	棗玉			
		紡錘車形？			銅鏃 鉄鏃	鉄剣 鉄刀	鉄斧？
	76	合子 1、石杵 2					
			刀子形？				
	1		石釧、刀子形、斧形、坩形	勾玉 管玉 棗玉			
						鉄剣 5 鉄刀 15	柄付手斧 蕨手刀子
			合子 1（楕円）				
1			刀子、斧、鑿、鉇形		銅鏃 33 鉄鏃 74	鉄剣 4 鉄刀 13	柄付手斧

不破では造墓基盤を異にしながらも、粉糠山古墳を除く五基の盟主的首長墓に前方後円墳の祭式が導入された。さらに、三角縁神獣鏡や腕輪形石製品などの威信財が連続して盟主的首長のもとにもち込まれた背景には、東方拠点というこの地に対する倭王権側の特別な政治的意図を読みとることができるのである。ここにいたってはじめて伝統的社会の均衡が崩れ、造墓にも影響したのではないかと思われる。昼飯グループに前方後円墳である花岡山古墳と前方後方墳の淵源ともなる東町田遺跡が対照的に現れているのもそのためであろう。

倭王権との連携をしだいに強めた盟主的首長は、それゆえ倭王権内の勢力交替に対しても敏感に反応した。花岡山古墳や矢道長塚古墳の首長が入手した三角縁神獣鏡や腕輪形石製品などの威信財は、やがて昼飯大塚古墳や遊塚古墳にみられるような大和盆地北部での新しい埴輪祭式、柄付手斧や蕨手刀子、陶質土器にみる朝鮮半島南部の影響のある器物へと取って替わっている。こうした変化を倭王権の新興勢力の影響とみれば、不破における造墓活動も前半期と後半期とに区別して考

表4　不破古墳群の盟主的首長墓

	墳形・規模	立地	周濠	段築	葺石	円筒埴輪（透かし）	埋葬施設	銅鏡	鍬形石
花岡山古墳	前方後円墳（約60 m）	丘陵頂	無	2段	有	無	竪穴式石室	舶B：三角縁神獣鏡1	
親ヶ谷古墳	前方後円墳（85 m）	丘陵頂	無	2段	有	無	粘土槨？	○	1
矢道長塚古墳	前方後円墳（約90 m）	平地	有	2段	有	有（方形）	粘土槨（東棺）	舶C：三角縁神獣鏡1 舶D：三角縁神獣鏡1 倣Ⅰ：三角縁神獣鏡1	3
							粘土槨（西棺）	倣Ⅱ：三角縁神獣鏡1 倣Ⅲ：三角縁神獣鏡1 内行花文鏡　1	
粉糠山古墳	前方後方墳（100 m）	平地	有？	2段	有	有（円形）	？		
昼飯大塚古墳	前方後円墳（約150 m）	段丘	有	3段	有	有（方形、円形）	竪穴式石室（北棺）		
							粘土槨（南棺）		
							木棺直葬（西棺）		
遊塚古墳	前方後円墳（80 m）	丘陵頂	無	2段	有	有（半円、円形）	粘土槨（後円部）		
							木棺直葬（前方部）		

えなければならないであろう。

4　首長の政治的活動と造墓活動

不破の首長と三角縁神獣鏡

そこで、不破古墳群の首長墓に三角縁神獣鏡や埴輪が連続して副葬・採用されている事象に着目し、そこから被葬者の埋葬までの時間幅、すなわち生前の政治的活動の期間を考えてみたい。

この場合鍵となるのは矢道長塚古墳である。この古墳の後円部には二つの棺が並行して埋設されていた。かつて西棺は遺物埋納施設ではないかと評されたこともあったが、古い記録などの検討から人体埋葬があったと考えられるほか、二棺とも棺床が北に高いことから、北頭位と判断できる。

東西二棺の副葬品は、第Ⅱ章で取り上げたように、三角縁神獣鏡の組成からみると、製作から副葬までの時間幅が非常に長くなる。このことを大阪大学の福永伸哉による三角縁神獣鏡の研究に依拠しながら検討してみたい。まず、東棺には福永の分類による舶載C段階一面、D段階一面と倣製Ⅰ段階一面が含まれる一方、西棺には倣製Ⅱ段階一面とⅢ段階一面が副葬されている。つまり、舶載三角縁神獣鏡から倣製三角縁神獣鏡へと段階の上では連続するのである。

このことを積極的に評価すると、三角縁神獣鏡が製作されてからこの地にもち込まれるまでの流れ、すなわち倭王権から三角縁神獣鏡を入手するという政治的活動が、比較的スムーズなものであったことが示唆されよう。

盟主的首長の交替と鏡の保有

しかし、三角縁神獣鏡の長期編年の立場からすれば、製作から配布、そして入手から副葬までを考えると、その時間幅は半世紀以上を見積もらなければならない。矢道長塚古墳の築造時期は、鍬形石や石釧などの編年観や埴輪の特徴からみて、四世紀第３四半期と考えられることから、鏡の長期保有を想定する場合には、古墳の築造時期と整合的に解釈できる説明が求められる。

その解釈の一案として、この長期保有の実態を、花岡山古墳を介在させることによって次のように推測してみたい。つまり、花岡山古墳は不破でも最も古い舶載B段階の三角縁神獣鏡を副葬しているものの、本来はこれに加えて舶載C段階一面とD段階一面の三角縁神獣鏡が配布予定にあったものが、なんらかの事情により倭王権のもとで長期保有され、それが矢道長塚古墳の首長に配布されたと解釈するものである。

このような花岡山古墳や矢道長塚古墳に対する解釈は、盟主的首長墓の築造意義の問題にも影響を及ぼすため、次にこの点について周辺地域に視野を広げてみたい。

5　濃尾平野の前期古墳

東之宮古墳と円満寺山古墳　濃尾平野には、昼飯大塚古墳の築造に先行する矢道長塚古墳の被葬者と同時期に活躍したと思われる首長が葬られた二つの重要な古墳がある。一つは愛知県犬山市の東之宮《ひがしのみや》古墳で、もう一つは岐阜県海津市の円満寺山《えんまんじやま》古墳である。

東之宮古墳は木曽川を眺望する山頂に位置する墳丘長八〇メートルの前方後方墳で、東西方向を主軸とする竪穴式石室からは、船載C段階とD段階の三角縁神獣鏡を含む鏡一一面と鍬形石、石釧、合子などの石製品が確認されている。また、墳丘には段築や埴輪はみられないが、葺石を備えることが最近の発掘調査で明らかになっている。

一方、円満寺山古墳は、揖斐川を眺望する丘陵頂に立地する墳丘長六〇メートルの前方後円墳で、後円部には北頭位の竪穴式石室を有する。船載C段階とD段階の三角縁神獣鏡二面と画文帯神獣鏡一面が出土しているが、石製品や埴輪は確認されていない。

これら二古墳の築造地はいずれも伊勢湾から濃尾平野に入る木曽川や揖斐川を見下ろす地点にある。倭王権からは東方への重要拠点として、これらの河川の掌握が期待されていたことであろう(図91)。

花岡山古墳と矢道長塚古墳の被葬者像　おそらく不破の花岡山古墳の被葬者に対しても、同様な期待と役割が担わされたのであろう。不破は東西には関ヶ原を通じて近江と接触でき、南北には揖斐川の水運を利用可能な要衝の地である。さらに前述のような勢力事情からみても、倭王権は政

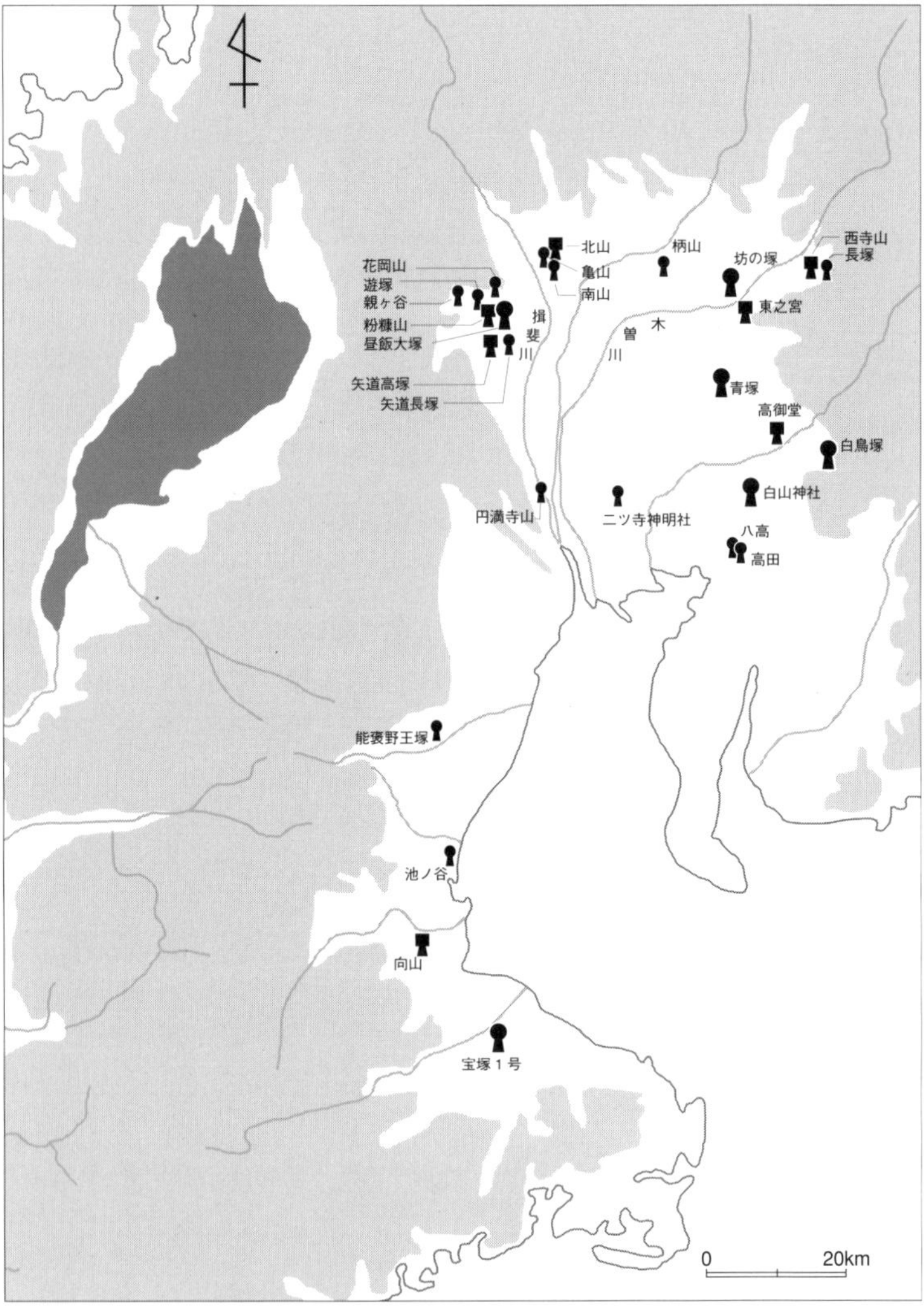

図91　伊勢湾沿岸の大型古墳の分布

昼飯大塚古墳が築造された前後の大型前方後円（方）墳（墳丘長60m 以上）の分布。不破にいかに密集しているかがわかる。

治的拠点として確保したい地であったに違いない。

花岡山古墳の立地には東之宮古墳や円満寺山古墳と共通するものがあり、さらに濃尾平野では稀少な竪穴式石室を採用するという共通点をもつ。後続の矢道長塚古墳の東棺に副葬された唐草文帯二神二獣鏡が、東之宮古墳と円満寺山古墳の鏡と同笵関係にあるのも、こうした築造背景を共有していたからではないだろうか。

このような解釈から、同時期に活動していた東之宮古墳や円満寺山古墳の首長に対して倭王権が用意していた舶載三角縁神獣鏡（C・D段階）が、不破では花岡山古墳の首長ではなく矢道長塚古墳の首長にもたらされたとみるのである。

矢道長塚古墳の被葬者は不破の盟主的首長である一方で、さらに倭王権が目論む濃尾平野での政治的拠点づくりを期待された立場でもあったにちがいない。そのことは、やがてこの東西に埋葬された二首長の葬送にあたって採用された粘土槨と、多量の石釧を用いた最新の儀礼によってもうかがい知れる。

このように昼飯大塚古墳の登場は、美濃最大の前方後円墳の出現としてのみ理解するのではなく、不破の連続する盟主的首長墓の一つとしても重要な意味があることを理解する必要がある。

Ⅷ　昼飯大塚古墳を整備する――整備に向けた取り組み

昼飯大塚古墳の調査では、前述したとおりいくつかの調査視点をもちあわせて取り組んだ。そのとき重視した点は、くり返しになるが「記録」を何のために、どのように残すかであった。このことをあらためて意識しながら、整備を前提とした調査として取り組んできたことを紹介しておきたい。

通常、発掘調査は発掘現場での写真撮影のほか、測量や実測を通して図面を書き残し「記録」する。そして最終的に『調査報告書』にそれらを選択的に掲載して文章とともに刊行・公開する。

しかし、今回昼飯大塚古墳を調査するにあたり、この「記録」にこだわった。

まず発掘調査の開始前には、物理探査を行って地中の様子を探るだけではなく地中に関するデータを残そうと考えた。そのお陰で探査終了後も、発掘調査の状況にあわせてコンピュータ上で地中の様子を表示することができた。

たとえば、周壕では調査後に探査データの深さを変えて平面図を読み直した結果、くびれ部での葺石や予想していなかった陸橋の指摘につながった。さらに、後円部頂でも粘土槨の存在や墓壙を覆うような粘土の広がりも確認できたのである。

こうした成果は一度記録したデータを必要に応じて再利用することで得られたものであるが、こうしたことが考古学に求められている「記録保存」ではないかと思う。

また、昼飯大塚古墳の調査では、整備後の展示などに利用するため、毎年発掘調査や現地説明会、講座や委員会の風景をインタビューを交えながら映像として残してきた。このようなさまざまな取り組みは、本来計画的に進めていく必要があるため、事業をはじめる前にどのような整備をしていくのかという構想や活用について、十分検討しておく必要があろう。

ところで、こうした記録以外にとりわけ意識的に取り組んだのが、記録のデジタル化である。次にどのような目的でこのデジタル化を導入していったのか、現在の試みを交えて紹介する。

1　調査記録のデジタル化

葺石の記録

古墳調査のうち、検出した葺石の記録に頭を悩ます調査員は多いと思う。それは葺石が斜面にあるため平面図と立面図の整合的な記録が求められるためで、この作業は意外に時間を要する。

とりわけ立面図の作成には一定の基準が必要で、前方部なら墳丘主軸に、後円部なら中心点に向かって設定している。しかし、その基準は調査が進行するにしたがって修正されるときがある。そのとき図を紙に描いてしまうと、のちに主軸を変更する必要が生じたときに基準にズレが生じ、修正したくともできなくなる。このとき記録をデジタル化しておけば、問題は比較的容易に解消されるであろう。

葺石の実測作業は数人で測ることもあるが、石の表現に個人の癖が出てしまったり、合成の上でも不都合なときがある。かといって、一人ですべての葺石を書くことになれば膨大な時間がかかってしまう。こうした点もデジタル記録であれば克服できると考えている。

昼飯大塚古墳では第四次調査からできるかぎりデジタル記録に切り替え、現在にいたっている。デジタルでの記録は従来のようなステレオ写真測量のようなものではなく、あるときは葺石一個一個に直接触れながら計測したり、あるときは触れずに計測ができる非接触型のレーザで記録してい

図92　発掘調査におけるデジタル化
接触型の計測器で葺石（上・中）や埴輪（下）を計測する

る。

直接葺石に触れてデータを入力する方法では、石の外形線と稜線を区別しながら、みえる部分すべてを記録できた。これを可能にした「三次元デジタイザ」という機器は、毎年の調査で検出された葺石の合成にも威力を発揮した（図92）。

埴輪列の記録

デジタルの記録は葺石ばかりでなく、埴輪にも応用した。第六次調査から第七次調査にかけて、後円部頂をめぐる外周埴輪列の記録に、この接触型の三次元デジタイザを使ってみたのである。

埴輪列は数個体が並ぶ程度であればさほど問題ではないが、後円部頂のように直径二〇㍍《メートル》の円をなすような場合だと、どの視点からの立面図が最適なのか悩んでいた。これまで多くの古墳調査が行われながら、じつは後円部頂の埴輪列に関する記録はきわめて少なく、京都府京都市黄金塚《こがねづか》二号墳のように墳丘裾にめぐる埴輪列などは外からみた記録であった。

こうしたなか埴輪をデジタル化し、将来どの方向からでも図化が可能となるように試みた。報告書には中心点からみた立面図と平面図を掲載しているが、デジタルデータとして残されているため、今後さまざまな方向からの立面図が描けるようになっている。その活用方法の一つを後述しよう。

竪穴式石室の記録

もう一つデジタル計測が威力を発揮したのは、狭小な竪穴式石室内部の記録であった。竪穴式石室は側壁、天井、両小口から石が崩落し、作業を行うには狭く、安全な状態ではなかった。そこで葺石や埴輪列とは異なり、非接触型の計測器を用いて記録することになった。

具体的には竪穴式石室のほぼ中心あたりの床面

に、盗掘坑から計測器一台を固定してレーザ計測を行った。その結果、レーザが届かない側壁の裏側や床面に落ちた石の影になったところなどのデータは取れなかったが、おおむね竪穴式石室の形状を把握できた。第Ⅴ章にある竪穴式石室の模式図は、このデータを基礎に書き上げたものである。

図93　石室内での計測作業〈第８次〉

　現在は石室を埋め戻しているため、内部を観察することはできないが、このときのデータや映像・画像は大垣市のホームページに掲載し、インターネットを介して各自が自宅でみたいところをマウスで動かして観察することができるようにしている（調査報告書のＣＤ—ＲＯＭでも同様に閲覧できる）。

　さらに、第八次調査のときには、平湯秀和らのソフトピアジャパン地域支援結集チームが開発した新しい三次元計測器を石室内に入れることができ、新たな視座を得た。

　全方向ステレオシステム（通称ＳＯＳ）とする機器は、直径一一・六センチ、重さ六一五グラムというコンパクトなもので、ここに三六個の小さなカメラが球状に対称的に配置されている。正一二面体の各面にはカメラが一組三個ずつあり、カメラ同士の視差で距離情報を取得できる。これによって視界を三六〇度カバーでき、一瞬の撮影によって立体の情報を把握できるのである。

　これを石室内部に入れ、照明光を当てながら手で移動してデータを取得してみたところ、短時間の撮影でも側壁までの距離情報とカラー画像を同時に得られ、三次元モデルをつくることもできた(図93)。これによって竪穴式石室の内部を、みたい方向からみることが可能となり、壁体の細かい様子までもが画面上でわかるようになった。

照明や距離情報の精度をどこまで求めるかによって投入する機器の大きさが決まるため、汎用までには課題が残るものの、竪穴式石室だけでなく横穴式石室などの狭い空間にはもってこいの機器である。

2　GPSとデジタルデータの利活用

発掘調査の記録やその後のデータをデジタル化していくことには、前述した利点のほかにも重要な目的がある。それはデジタルデータを、さまざまな方面に利活用することである。

大垣にある情報科学芸術大学院大学（IAMAS）の関口敦仁がこうしたニーズに応えてくれた。関口はそれまでにも遺跡とデジタル情報を関連づける着想をもっており、一九九九年頃から昼飯大塚古墳を取り上げて、葺石や埴輪列などをその位置で再現する（その場でみられる）研究をはじめた。

この構想は発掘調査で確認できた葺石や埴輪列、竪穴式石室の位置を、衛星を利用して自分の位置から正確に把握しようとするものであった。位置情報には一チ《セン》程度の誤差ですむ高精度の測量用のGPSを利用し、その場所に表示される遺構や遺物を、発掘調査でわかったデータを使って画面上で鑑賞しようとするものである。

二〇〇〇年には試作器を製作、現地ではじめて実験を行った。その後も周辺機器のスペックの向上や、GPSアンテナの小型化に応じて改良を重ね、二〇〇五年からは二カ年で大垣市と共同製作を実施している（図94）。

このシステムをうまく利用すれば、史跡整備の方法も今後変えることができるのではないかと期待している。たとえば、これまで史跡整備というと、発掘調査の成果をわかりやすく整備に反映させるため、葺石や埴輪を復元してみたり、竪穴式石室などをアクリルで覆って内部を見学できるようにしてきた。しかし、このGPS表示システムを利用すれば、埋め戻している遺構を古墳の上から表示できるため、あえてハードな整備をしなくてもすむ。

図94　GPS表示システムのデモ
上：ヘルメットのGPSアンテナで位置情報を受信し、手に持つディスプレイで鑑賞する。
下：ディスプレイの映像

今後はインターネットの普及と活用のなかで、このシステムからさまざまな学習も可能になるし、さらに携帯電話などの小型端末に自由に表示できるようになれば、古墳見学に訪れた人が自分の携帯端末を通して探索することも夢ではない。整備した古墳の上を散策者の目で、ゆっくりと親しんでもらうことができると思う。

こうしたことができるようになるためにも、どのような情報を調査で引き出し、整備に活かしていくのかを意識して事業に臨むべきであろう。記録すべき情報をどのようなかたちで残すのか、使う目的をしっかりともちたいものである。

3　漫画で伝える

もう一つたいせつにしてきたことは、整備完了までの間、調査成果をできるだけわかりやすく多くの人に伝えたいという気持ちであった。

その方法として、一般的には文字や図・写真を使ったパンフレットの作成がある。しかし、これはパンフレットをまず読んでもらわないとはじまらないし、むずかしい言葉や内容を含んでいると途中で読むことを止められてしまう。しかし、漫画であればどうであろう。子供や大人にいたるまで比較的受け入れやすく、おもしろく読んでもらえるのではないだろうか。

このように考えて、まず最初に発掘調査の現地説明会資料を漫画で作成してみた（図95）。一九九七年から三カ年、その年の調査目的から成果までをわかりやすく伝えようとした。むろん通常の文章による説明会資料も作成した上である。

漫画を描いてくれたのは、渡辺浩行（ペンネームは渡辺諒）で、今は大垣女子短期大学のデザイン美術科マンガコースで教鞭をとっている。

作成は以下のように進められた。まず調査の結果がほぼわかりはじめた頃に現場で概要を説明し、特に強調したい成果も伝える。そして後日渡辺に粗いストーリーとラフを描いてもらい、考古学的な考証を踏まえながら手直しをして完成させるが、このときの物語性（ストーリー）は渡辺に任せている。

実際にやってみて、古墳上に登場するさまざまな人物像、その動き、風景などに頭を悩ませた。考古学でわかっていないことはまだまだ多いと漫画を描こうとしてはじめて実感した。

4　地域との関わり

史跡整備と地域　昼飯大塚古墳の整備はこれからがはじまりである。これまでにもいくつかの整備案を考えては議論してきたが、それはおもにこれまでの発掘調査などの成果をどのように整備に活かせばいいのかという、「古墳」そのものだけを対象とした議論であった。全国の遺跡の整備についても同じような議論は行われていると思う。

しかし、昼飯大塚古墳のように市街地のなかにあって民家が立ち並ぶところでは、古墳のことだけを考えていてはいけないことがしだいにわかってきた。周囲の生活環境や道路アクセス、そして身近に接する地域住民の意見を無視することはできないのである。

基本計画とアンケート調査　昼飯大塚古墳が国史跡になった二〇〇〇年の翌年、古墳整備の基本計画を策定する際、市民の意識を策定に反映させるためアンケート調査を試みた。

すなわちこの古墳に対して日頃から身近に接している地域住民の方々が、古墳をどのように思いまた将来を期待しているのか、さらに古墳を利用する代表として学校を取り上げ、教員や児童・生徒が古墳に対してどのような希望や思いを抱いているのか、パンフレットを配布しながらアンケート方式で調査を行ってみたのである。

対象とした地域住民は、昼飯大塚古墳の所在する昼飯町の自治会一区と二区の三五七世帯で、学校は市内二六校のうち、小学校五・六年生の一ク

図95 漫画による現地説明会資料の表紙（上）とその内容の一例（左頁）

ラス分と教師、中学校では一年生の一クラス分と教師というように、授業などで歴史を学習する学年を選んで約二六一〇人の児童・生徒と二八八人の教師を対象に回答していただいた。これらの結果からは、いくつもの興味深いことがわかった(図96)。

地域が望む整備とは

地域住民のアンケート調査では、身近な古墳の存在はよく知っていたものの、発掘調査によってこれまで以上に歴史的価値が高まったことはあまり知られておらず、アンケート用紙といっしょに配布したパンフレットをみてはじめて理解したことなどが意見として多く寄せられた。私たちが発掘調査ごとに行ってきた現地説明会やその後一生懸命になって作成してきた調査報告書だけでは、なかなか地域の方々には伝わっていなかったのである。

さらに、地域の方々は身近な古墳がたいへん歴

僕等が夢みてた古代の謎が解き明かされるあの不思議な出来事が起こったのはとても暑い日のことだった
ガリ ガリ
ミ〜ン ミ〜ン
1997年昼飯大塚古墳第5次調査
ガガ ガガ
何だこれ？変な形をしてるな
楕円形《だえんけい》の円筒埴輪《えんとうはにわ》だ
この作品は フィクションです。 登場人物等実在の人物とは
一切関係はありません。 しかし、事実に基づいて創作したものでも

楕円形の埴輪は確か畿内を中心に発見されててここらにはないはずだぞ
すごい…だったらここが円筒埴輪の東限ってことじゃないか！
それより見てくれよ何でこの辺にこんなに玉がちらばってんだ？
ちらばしたヤツに聞いてみたら？
ム…
そうするよ
ザ…
ス…
ちらばした人よ聞いていたら教えてくれなぜなんだ？
どあっ
ゴロ
ガラ ガラ
？
玉だ

ひいっ
巫女が玉をまいて…？…
そうか！
…って…？
林！見てみろ！円筒埴輪列が復元されてるぞ
岡…
ユキじゃないか！こいつはすごい！
はあ はあ
岡寺！
おおっ！楕円形埴輪も朝顔形《あさがおがた》埴輪もあるすごい！
岡寺！
はあ はあ

ここは どこだ？
昼飯大塚古墳に決まってるじゃないか
昼飯大塚古墳になんで完品の埴輪や巫女がいるんだよ！
そういえば
ワー ワー
人が来る！
すごい！みんな古代人だ！
オレたちが過去に来ちまったんだ
か・かくれよう
ど・どうなるんだオレたち…？
来年号まで待つしかない
つづく

史的価値のある古墳と知って驚く一方、古墳の空間が日常的に気軽に使える公園になることを強く切望していた。昼飯大塚古墳が大勢の見学者でにぎわうよりも、ひっそりとした公園として整備されることをのぞんでいたのである。

私たちはこれまで昼飯大塚古墳の歴史的価値を高めることに力を注いできたし、その結果希望どおり国指定史跡にもなった。こうした経緯があるだけに傾聴しなければならない意見だと感じている。すなわち史跡整備は利活用を重視するだけでなく、手を加えることなくそのままある存在効果を高める工夫も必要なのである。

学校が望む整備とは

古墳時代を代表する古墳は小学校高学年および中学校の歴史授業でかならず登場する。地元に古墳があれば、生徒が地域の古墳について考えたり、現地を見学する機会ができるため、史跡整備した古墳は学校にとって絶好の活きた歴史学習の場になるはずである。

アンケートの結果からも、こうした声が教師や生徒から多く寄せられた。発掘調査の体験を自ら生徒に聞かせてあげたいとか、出土した埴輪や勾玉などの遺物を授業で触れてみたいという意見や、発掘に参加してみたい、埴輪などをつくってみたいという体験的な学習に期待を寄せる生徒の声も多かった。しかし、その一方で授業時間の問題、古墳を見学するバス代などの経費に頭を悩ます意見も目立ち、学校教育への史跡の活用はまだまだこれからの課題だと感じた。

そんななか二〇〇〇年以降、小中学校の社会科教師との勉強会や（財）岐阜県文化財保護センターから学校に戻った教師との連携をつづけ、学校側の必要に応じて積極的に昼飯大塚古墳の利活用と普及に努めてきている。

問6　昼飯大塚古墳の認知度

昼飯大塚古墳をどの程度知っているかを質問した。

行ったことがある(64.6%)、見たことがある(8.0%)、名前は知っている(15.7%)と、ある程度認知している人を含めると、88.7%の高い比率の認知度であった。

行ったことがある人の利用内容としては、散歩、見学(発掘調査見学含む)、家の近所、現地説明会に参加といったものが多くあげられた。この中でも散歩(68人)に対して、現地説明会等に参加(22名)、見学(59人)といったことから、日常的な利用とともに昼飯大塚古墳に積極的に関わりをもち、興味がある人も多いことがわかる。

問7　昼飯大塚古墳に望む施設

昼飯大塚古墳に望む施設として、各設問項目毎に「特にそう思う」「そう思う」「どちらかというとそう思う」「思わない」の選択肢で回答を得た。

設問項目の内、特にそう思うと答えた人の回答比率が高かったものは、樹木など自然ゆたかな場所(46.2%)、便益施設(42.0%)、休憩施設(36.5%)などで、文化財としての施設整備(案内所や資料館-21.9%、体験学習施設-10.7%)よりも、身近な公園的施設整備がより望まれているようである。また、このことは昼飯大塚古墳で何をしたいかの設問に、約8割の人が散歩、休息と答えていることからも窺える。

(%)

	特にそう思う	そう思う	どちらかというとそう思う	思わない	不明	合計
昼飯大塚古墳などの案内所や資料館	20.4	33.9	23.8	15.1	6.7	100.0
はにわづくりなどのできる体験施設	9.5	27.7	27.5	24.1	11.2	100.0
文化財などを学ぶ講座・研修室	7.6	24.1	36.1	22.4	9.8	100.0
憩いや集いの広場	17.4	36.7	21.8	13.7	10.4	100.0
樹木など自然豊かな場所	43.1	38.1	9.8	2.2	6.7	100.0
ベンチなどの休憩施設	34.5	40.9	12.3	6.7	5.6	100.0
便所・駐車場などの便益施設	39.2	30.0	13.4	10.6	6.7	100.0

問8　昼飯大塚古墳とのかかわり方

昼飯大塚古墳の整備に伴う自らのかかわり方として、どのようなことが考えられるかを質問した。

「参加したい」「時間や機会があれば参加したい」「どちらもといえない」「参加したいと思わない」の選択肢で、各設問毎の回答を得た。

参加したい・時間や機会があれば参加したいといった、積極的なかかわりを示すものとしては、日常的な維持管理(32.5%)、整備計画(32.5%)が3割以上の比率であり、昼飯大塚古墳を自らの住む地域の文化財として守り・伝えるべきものとしての維持管理への意向とともに、整備の内容についても住民希望の反映を求める声が高いことを示しているといえる。年代別でみると、文化財への興味の有無と同様に、年齢が高いほど全般的に参加意向が強いものの、時間や機会がれば参加したいとの回答でみると、イベント等の企画・運営では30代(31.3%)、40代(25.4%)、体験学習の指導員では40代(19.0%)、30代(18.8%)が50代以上を上回っている。また、ボランティアガイドでは70代以上(25.0%)に次いで20代(19.0%)が高い比率を示すといった傾向も窺える。なお、日常的な維持管理については、20代(17.2%)を除いて、世代にかかわらず3割以上の人が参加したい、時間や機会があれば参加したいと答えている。

(%)

	参加したい	時間や機会があれば参加したい	どちらともいえない	参加したいと思わない	不明	合計
日常的な維持管理	5.0	27.5	35.9	22.7	9.0	100.0
イベントなどの企画・運営	3.6	23.5	35.3	26.6	10.9	100.0
ボランティアガイド	2.8	17.4	38.1	32.2	9.5	100.0
体験学習指導員	1.7	16.0	36.1	35.3	10.9	100.0
講座などの企画・運営	2.2	15.4	38.4	33.6	10.4	100.0

図96　アンケートにみる動向

図97　地域の歴史に触れる総合学習

図98　校庭に復元された古墳

図99　子どもたちの埴輪観察

そのなかで定着したのは、昼飯大塚古墳を春の遠足コースに入れてもらい、現地での説明会や出土した埴輪や勾玉を実際に触るなどのメニューである。四月の社会科の歴史授業で扱うタイミングや、地域の古墳学習を目指す教師には恰好の機会となっており好評である（図97）。さらにここで、地元小学校と中学校の教師が創意工夫して取り組んでいる行事があるので紹介してみたい。

地域探険
――青墓小学校

昼飯大塚古墳に近い青墓小学校では、運動場の一画に約一五分の一に縮尺して復元した昼飯大塚古墳があり、墳丘上には生徒らがつくった埴輪が並べられている

(図98)。埴輪は壊れたりするので、毎年埴輪づくりを継続的に行って補給している。以前はこの埴輪づくりの指導や協力に学校へ行ったりしていたが、現在は先生方が独自に指導されている。

また、この青墓小学校では毎年「地域探検」と称する地域の歴史を見直すふるさと学習を行っている。史跡や文化財などを歩きながら観察し、校下の歴史に目を向けようとしている。毎年昼飯大塚古墳にも訪れており、そのときは極力埴輪に触れる時間をつくって、子供たちの感想を聞いている(図99)。

清掃活動と学習
―赤坂中学校

赤坂中学校では校下の歴史探訪だけではなく、特色ある建物や樹木あるいは地図上に表記される記号を現地で確認するなどの踏査「中山道ウォーク」をはじめている。この行事のユニークなところは、あわせて地域のクリーン活動を行っていることである。

学年は各班ごとにあらかじめ決められたルートに沿って歩き、所定の目標地点で問題を解きながら文化財や史跡を訪れ、そしてその傍ら道中で気がついたゴミを拾い上げ、最後に運動場に集めてゴミの量を班ごとに競うのである。昼飯大塚古墳を見学する班が来るたびに、担当者が古墳の説明を行いながら問題を出し、生徒は古墳の問題に取り組みながら史跡内のゴミを拾ってくれる。

このような活用の方法は、行政側が考えたわけではなく、学校側の教師のアイデアによるものである。行政が考える行事とはまったく別の新鮮な利活用ができるものなのだと感心している。

Ⅸ　昼飯大塚古墳の周辺を歩く――西濃の古代史を満喫する

ここで昼飯大塚古墳をはじめとする西濃周辺の古墳や遺跡について、実際に現地を見学する際のモデルコースを紹介しておきたい。このコースに沿って歩いていただくのも結構だし、関心のある遺跡を自由に見学していただいてもよいだろう。各自それぞれの目的に沿って西濃の古代史を体感していただきたいと思う。

そこで標準的なコースとして、「徒歩コース」（図100）と「車コース」（図103）を設定してみた。なお、記述中にある現況や出土品の展示保管施設などは時とともに変化があると思われるので、事前に問い合わせなどをしていただきたい。

1　徒歩コース（大垣の古墳編）

大垣駅を起点として、まずバスで昼飯町まで移動する。駅前のバスのりばで「赤坂総合センター行き」に乗車し、終点の「赤坂総合センター」で下車する。ここから西北へ三分ほど歩いてもらうと、住宅地のなかから小高い山がみえてくる。これが昼飯大塚古墳である。

南側の一角に解説板があるのでこれをみて入

図100　大垣の古墳と遺跡（徒歩コース）

り、まずは後円部頂に登ることをお薦めしたい。埴輪列がみつかったスロープ部をゆっくりと登ると、頂上からはまわりの景色を一望でき、本書で述べてきた風景が、ものの みごとに飛び込んでくる。古墳からの出土品は「赤坂総合センター」に収蔵保管している（古墳並びに出土品の見学には事前に大垣市教育委員会に連絡が必要）。

次は、昼飯大塚古墳をあとにして旧中山道に入る。西にむかって緩やかな坂道を下りながらJR東海道本線高架をくぐると「青墓」に入る。高架のすぐ右側の小道を曲がると、小高い共同墓地がみえてくる。これがすぐに古墳だと気づく人は少ないが、これが粉糠山古墳である。

　古墳への登り口は、西側の前方部側にある。墳丘全体が墓地のために大きく改変を受けており、現状から古墳が前方後方墳とみるのはむずかし

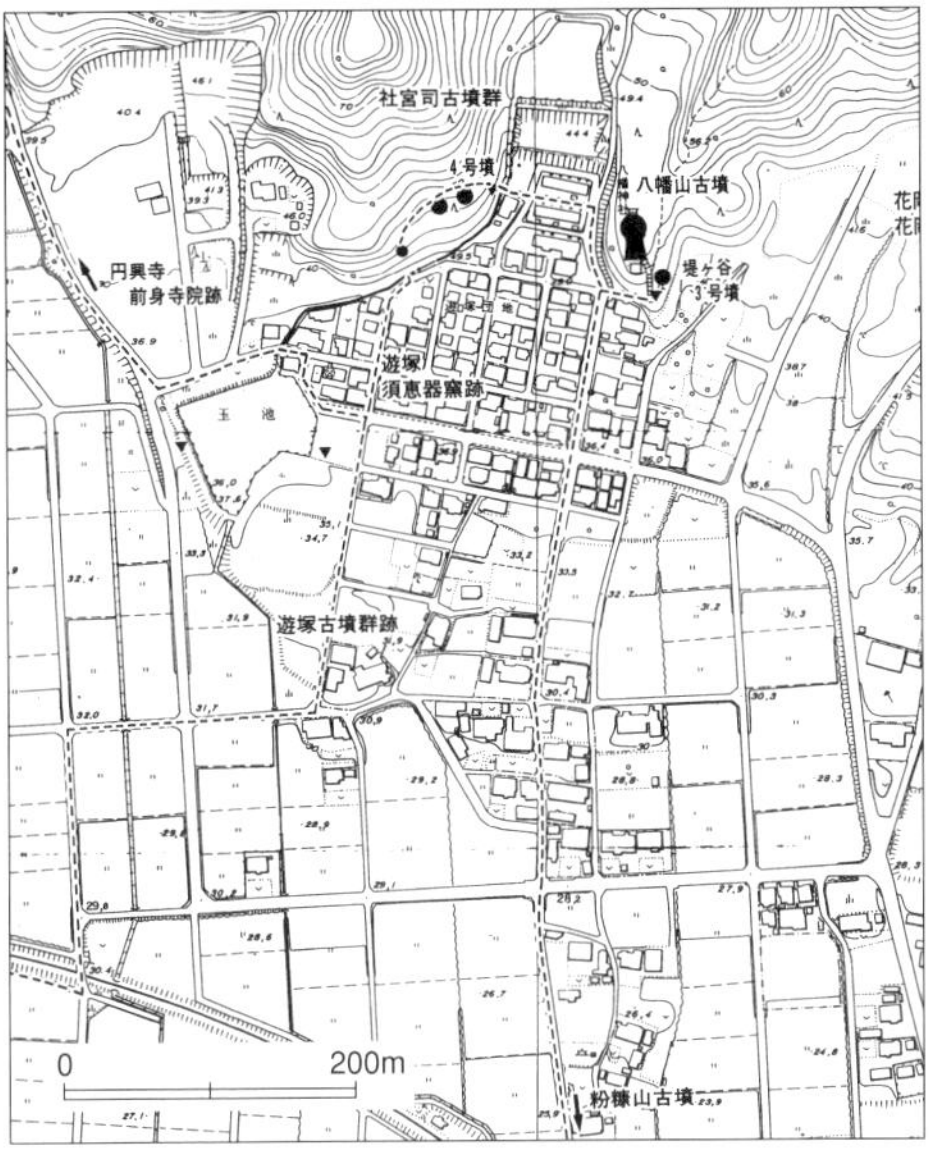

図101　遊塚古墳跡周辺図

い。しかし、古墳西側にある解説板に推定復元図が書かれているので、これを参考にイメージを膨らませてほしい。

　ここからふたたび旧中山道に戻って史跡美濃国分寺跡まで歩くのもよいが、余裕があれば北上して遊塚古墳跡を見学することもできる（図101）。昼飯大塚古墳と築造時期が近く、朝鮮半島産と考えられる陶質土器や鉄柄付手斧が出土した古墳である。現在古墳はなく住宅地となっているが、付近のため池は調査当時そのままである。出土品は大垣市歴史民俗資料館に展示・保管している。

　ここでも少し時間の余裕があれば、遊塚団地東の丘陵先端にある八幡山古墳を見学してみよう。四〇《メートル》ほどの前方後円墳であるが、後円部頂に八幡神社が建てられているほかは、墳形をよくとどめている。発掘調査などの経歴はないため、詳しいことはわかっていない。なお、この周辺の山麓

にはところどころ石が露出している。横穴式石室の一部であることが多く、このあたり一体が社宮司古墳群とよばれる群集墳である。見学ができる石室は少ないが、石材がこのあたりで産出する石灰岩というのがめずらしい。

ここから次は国分寺をめざしたい。青野町まで東海自然遊歩道を利用しながら行くことができ、南側に史跡美濃国分寺跡が、北側山麓に現在の国分寺がみえてくる。国分寺は西美濃三十三番札所として信仰が厚く、本尊の国指定重要文化財の薬師如来像は「馬たらいの薬師さま」として親しまれている。

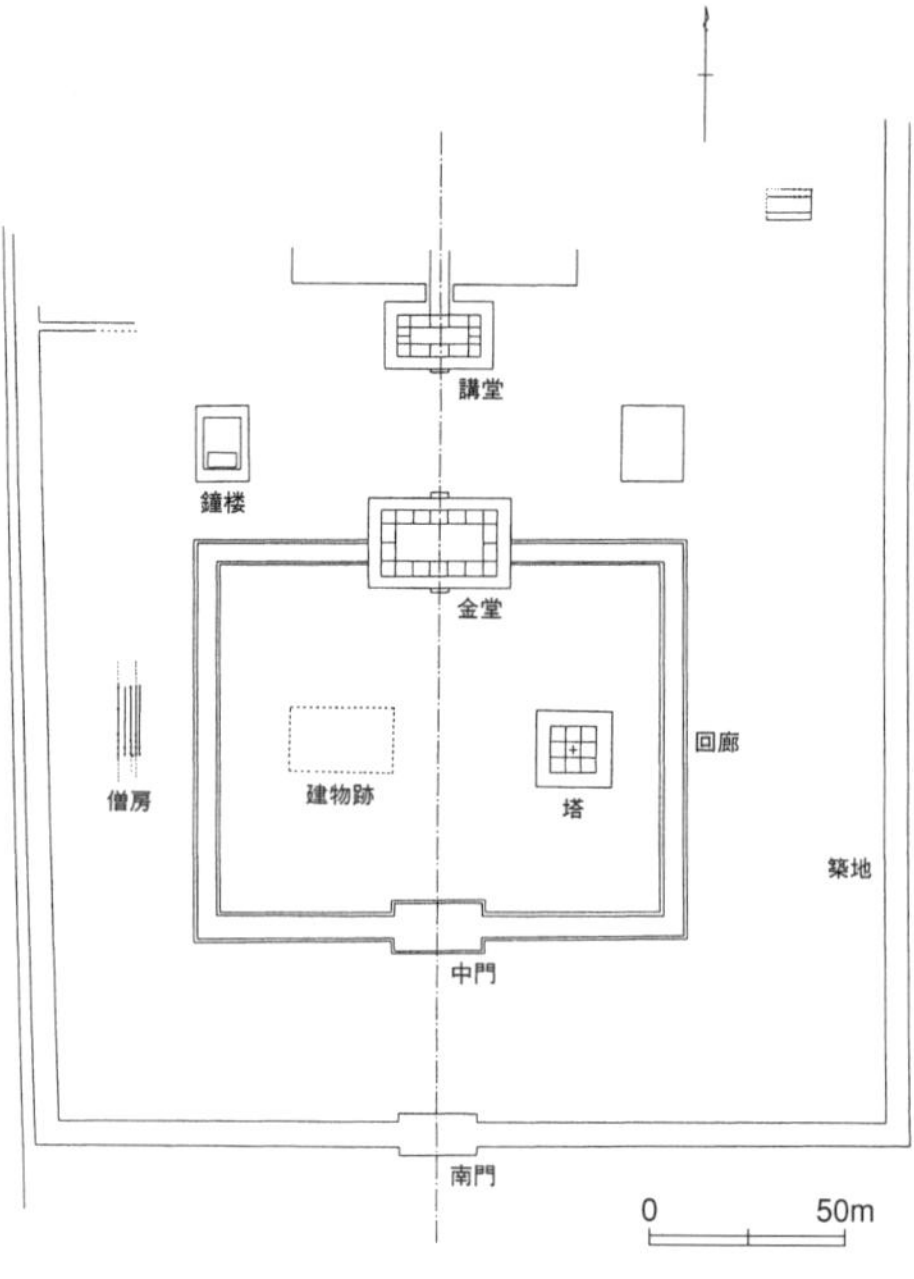

図102　伽藍が整備された史跡美濃国分寺跡（右後方に見える藪が瓦窯跡）

奈良時代に創建された美濃国分寺跡は、史跡公園として整備されているので、ここをまず見学して隣接する歴史民俗資料館をみるのもいいし、まず資料館の展示をみて予備知識をもって公園を散策するのもよいだろう（図102）。

美濃国分寺跡はかつては見渡す限り水田が広がっていた。一九六八年から一九七〇年までと一九七四年から一九七九年までの発掘調査を経て、当時の伽藍が甦った。全域を史跡に指定し保護している、全国にある国分寺跡のなかでもめずらしい例である。整備が完了した一九八〇年当時は「法起寺式」伽藍配置として復元されたが、その後の研究によって「大官大寺式」と修正されている。

公園全体は発掘調査で明らかとなった遺構を埋めたのち、水田に盛土して嵩上げし整備している。そのため唯一当時の高さを伝えているのは、一辺約二〇メートルの基壇をもつ塔跡のみである。塔の焼けた心礎の痕跡は文献史料での火災を裏づけている。

歴史民俗資料館では、こうした美濃国分寺跡のほか遊塚古墳、花岡山古墳群などから出土した考古資料を展示しているので、見学した古墳とともにぜひ自分の目で確認しておきたい。

歴史民俗資料館をあとにして、最後に矢道町に残る矢道長塚古墳を見学したい。矢道町にいたる途中には、近世陣屋跡の「稲葉石見守正休公屋敷跡」の石碑がある。現在は陣屋の面影はないものの、字絵図などから方形区画と堀をもつ姿が復元できる。

やがて水田地帯のなかに、ぽつんと小高い山がみえてくる。これが一九二九年に発掘された矢道長塚古墳である。現在は東西に主軸を向けた墳丘のうち後円部を失い、前方部のみが残っている。

第Ⅰ章で触れたように、墳丘が失われたところにも水田下には葺石が残っていることをイメージしていただきたい。東側にある石碑は、一九二九年の発掘後に地元の手により建てられたもので、古墳の一部ではないので気をつけてほしい。

矢道長塚古墳の北西には、かつて高塚古墳とよばれた古墳があった。現在は姿を残していないが、大正までは長塚古墳より高い墳丘があったと地元では伝えられている。道路際にはやはり地元史跡保存会の手による碑が建立されている。

帰りは「稲葉団地」バス停留所から乗車し、大垣駅まで向かうことができる。ここまでの行程に要する時間は約二時間ほどである。

2　車コース（西濃の古墳編）

このコースは徒歩コースとは異なり、西濃地域の代表的な古墳を車を利用して散策するとともに、本書で取り上げた不破の首長墓を理解できるものである。

コースの起点は、大垣市の歴史民俗資料館とした。ここからまずは二つの山頂の古墳を目指したい。一つは垂井町の親ヶ谷古墳で、もう一つは養老町の象鼻山古墳群である。いずれも不破領域の重要な前期古墳である。

親ヶ谷古墳は、美濃国分寺跡の史跡公園の南を走る県道大垣・垂井線を西の垂井方面に走り、市之尾の集落内から山に登る。近くの山麓の神社に車を停めて、ここからは徒歩で行く。尾根づたいに歩いて約二〇分ほどで標高一八〇メートルの山頂にたどり着くが、途中で急峻な地形があるため足下には気をつけてほしい。古墳の後円部頂には説明板があるので、これを目印にするのがよい。

後円部頂では山頂に築かれた前期古墳を体感で

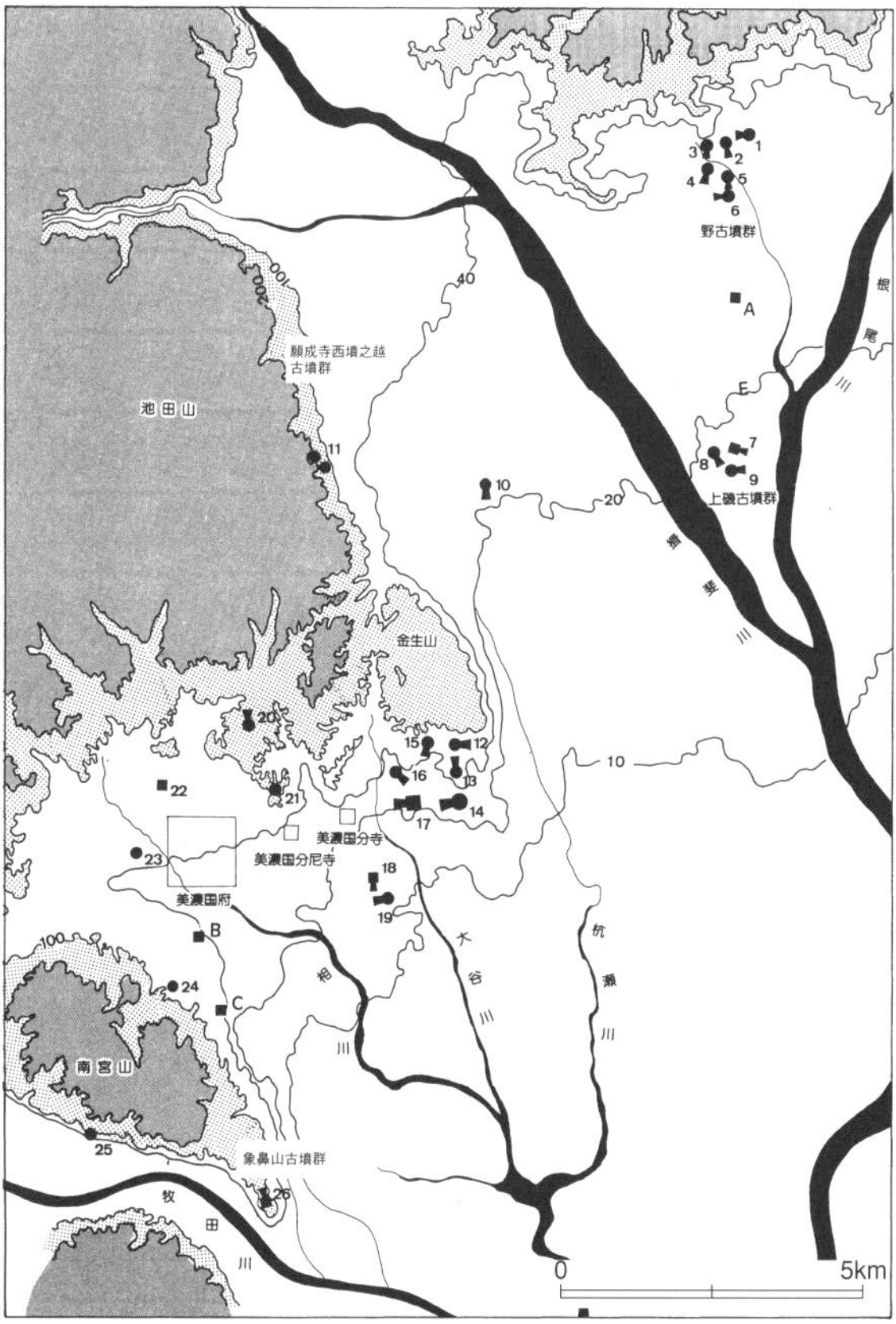

1　乾屋敷古墳
2　不動塚古墳
3　モタレ古墳
4　登越古墳
5　南屋敷西古墳
6　城塚古墳
7　北山古墳
8　亀山古墳
9　南山古墳
10　中八幡古墳跡
11　雨乞塚古墳群
12　花岡山頂上古墳跡
13　花岡山古墳跡
14　昼飯大塚古墳
15　八幡山古墳
16　遊塚古墳跡
17　粉糠山古墳
18　矢道高塚古墳跡
19　矢道長塚古墳
20　親ヶ谷古墳
21　清塚古墳
22　南大塚古墳
23　忍勝寺古墳
24　兜塚古墳跡
25　二又１号墳跡
26　象鼻山１号墳
A　大隆寺跡
B　宮処寺跡
C　宮代廃寺

図103　西濃の古墳分布図（車コース）

きるとともに、西の関ヶ原方面と南の桑名方面を同時に眺望することができ、圧巻である。現地では、測量図からはわかりにくい後円部と前方部との比高差を、ぜひ観察したい。

なお、この尾根筋には清塚古墳群が分布する。親ヶ谷古墳から尾根上を歩いていくのは危険なため、一度山を下りて車を町の斎場のある南側まで移動して、ここから給水塔のある山道を登るのが無難である。

さて、親ヶ谷古墳を下り、ここから象鼻山古墳群

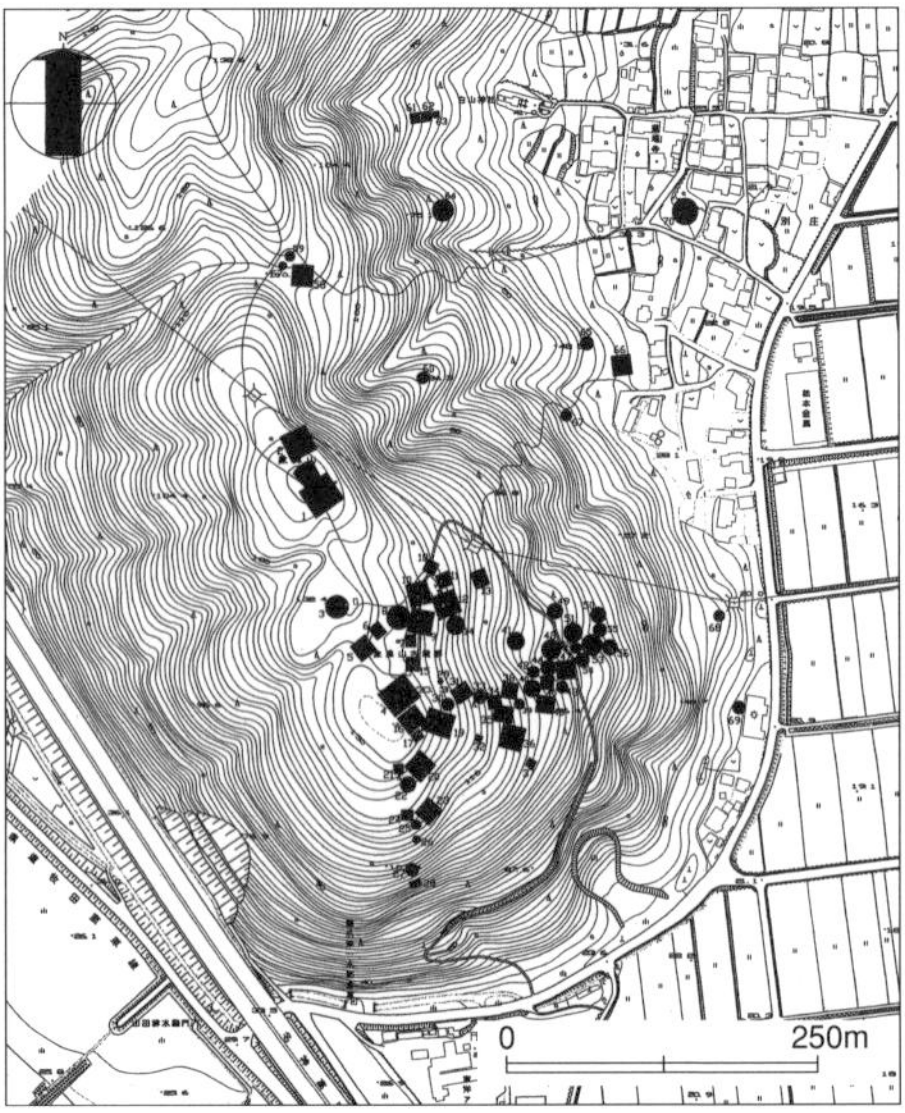

図104　象鼻山古墳群分布図

へ向かう。車をふたたび県道との交差点まで走らせ、そのまま南へ向かう。国道二一号線と東海道新幹線付近まで南下し、南宮山山麓の先端まで進む。ここには「牧田合戦」の碑があるのでこれを目印としたい。

　この付近に車を停めて、登山口の看板があるのでここから登り始めよう。登山口付近で古墳分布図が書かれた説明板があるので、象鼻山古墳群全体の姿を頭に入れることができる。

　山を登りきると、山頂から美濃平野がよく眺望できる。まさに昼飯大塚古墳が活躍した時代の風景を一望できる場所である。

　象鼻山一号墳とよばれる前方後方墳は、公園となっている敷地から北へ登りきった標高一四二メートルの高台にある。一九九六年から一九九八年までの発掘調査の結果、墳丘長は四〇・一メートルをはかり、構築墓壙とされる埋葬施設が確認されている。この一号墳を中心に南面に約二三基の小規模墓（墳）が分布し（図104）、現在も養老町教育委員会の手で確認調査が継続されている。出土品は現在中央公民館に展示・保管されている（見学には事前に養老町教育委員会に連絡が必要）。

　次は象鼻山を下りて、揖斐川上流の大野町に向

図105　願成寺西墳之越古墳群分布図

かう。ただ、もしここで時間の余裕があれば、岐阜県でも初期の横穴式石室として有名な二又《ふたまた》古墳群のある牧田古墳群の見学を薦めたい。車をそのまま牧田川に沿って北上し、かつての九里半街道を走る。

二又古墳群は一九五四年に名神高速道路の建設のために発掘調査された後期古墳群であるが、そのうち二又支群と山村支群に挟まれた桂谷《かつらだに》支群が今でも残る。現在、地元保存会の努力により一部が見学できるようになっている。横穴式石室は見学できないものの、墳丘やその分布を観察することができる。なお、過去に発掘調査された牧田古墳群の出土品は、上石津郷土資料館に展示・保管されているので、コースからは外れるものの一度は見学しておきたい。

大野町を目指す途中、池田町を経由するため、願成寺《がんじょうじ》西墳《にしつか》之越《のこし》古墳群なども見学が可能である

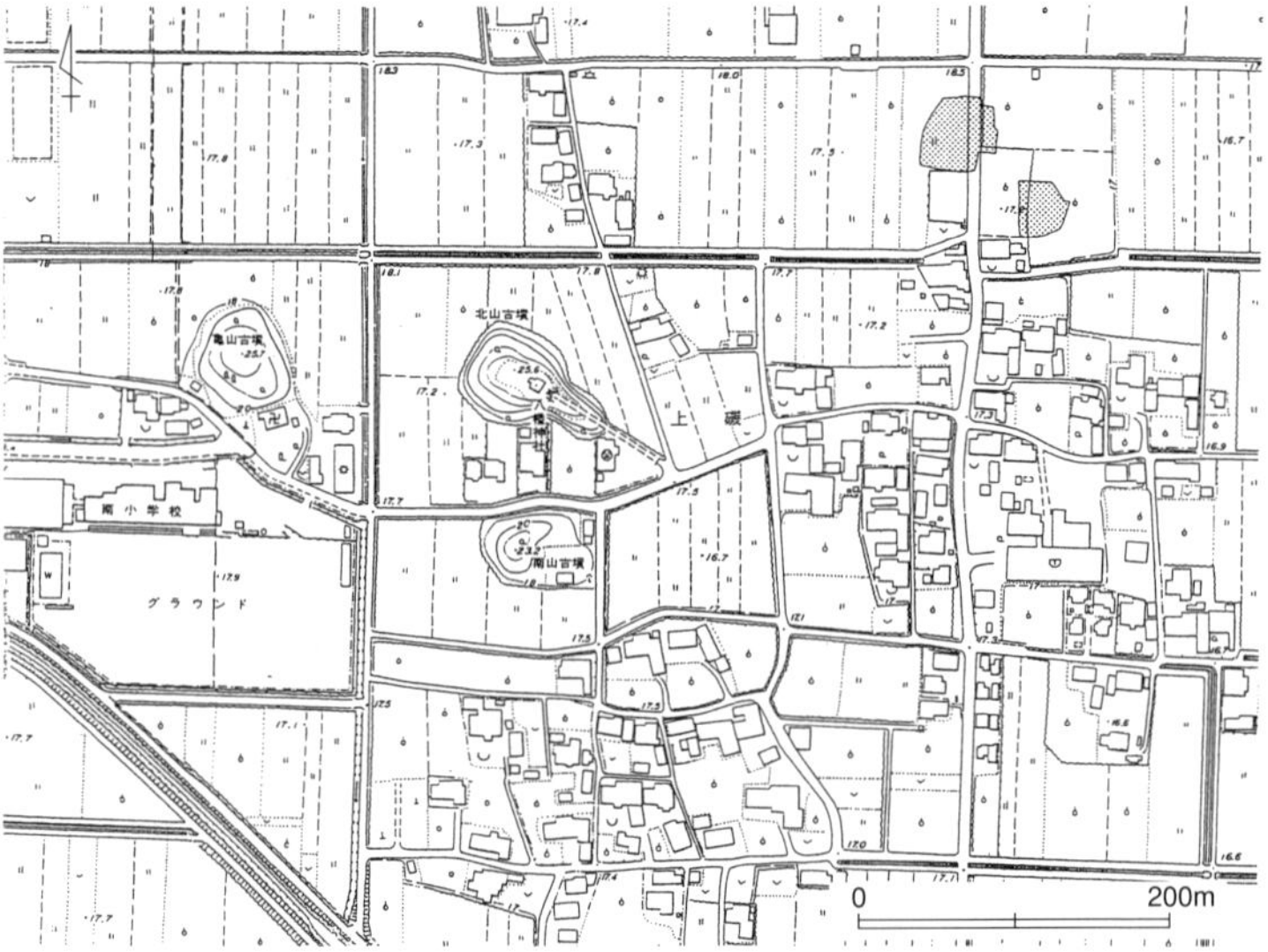

図106　上磯古墳群分布図（網かけのところは笹山古墳の痕跡として想定されるもの）

（図105）。ただし、コースとは逆に池田山山麓へ向かうことになるため、事前にこのあたりの地図を確認しておきたい。

池田町へは赤坂町から国道四一七号線を走るが、途中の交番の横に「中《なか》八《や》幡《わた》前方後円墳」と書かれた碑がある。ここにはかつて道路拡幅工事で消滅した墳丘長四〇㍍ほどの前方後円墳の中八幡古墳があった。ここからは岐阜県ではめずらしい三角板鋲留短甲や古相の鐙などが出土している。

これらの出土品は池田町役場に隣接する中央公民館の一室に展示されており、願成寺西墳之越古墳群の出土品とあわせて見学できる（見学には事前に池田町教育委員会への連絡が必要）。

さて、池田町から大野町に入るには揖斐川を渡り、北に向かう。上磯地区の小学校を目標に車を走らせると、ここには上磯古墳群がある（図106）。なかに上磯地区の公民館があるので、ここに車を

図107　野古墳群分布図（復元）⑩～⑳は消滅墳

停めて歩いて見学できる。

上磯古墳群は、鎮守の森に囲まれた前方後方墳の北山古墳（八三メートル）、前方部が壊れて公園となっている南山《みなみやま》古墳（約九六・三メートル）、そして前方後円墳の亀山古墳（約九八メートル）という三基の大型古墳からなる。なお現在は消滅しているものの、やや東にはかつて笹山古墳とよばれる大型円墳（直径約四〇メートル）があり、四代にわたって首長墓が築造された拠点である。これらの古墳は昼飯大塚古墳などが築かれた不破古墳群とほぼ同時期に造営されており、昼飯大塚古墳などの出現を考える上でも重要な古墳群である。

さて、上磯古墳群から北へ約四キロ行ったところに国史跡の野古墳群がある（図107）。山麓を背景にまとまって分布する様相は、まるで埼玉県の「さきたま古墳群」のミニチュア版をみているかのようである。古墳群の北側に駐車場と解説板があるので、まずここに車を停めて古墳群全体のイメージをつかんでおくのもよい。

現存する古墳は、北から不動塚《ふどうつか》古墳、モタレ古墳、登越《のぼりこし》古墳、七号墳、南屋敷西《みなみやしきにし》古墳、城塚《しろづか》（南出口）古墳で、やや離れて東に乾屋敷《いぬいやしき》古墳がある。この他にも消滅してしまった古墳を含めると二〇数基にも及ぶ（図108）。

このなかでまず登越古墳に登って、この上から古墳群全体を眺めてみよう。北にモタレ古墳、不動塚古墳、東に南屋敷西古墳、南に城塚古墳と現存する古墳を一望できる。登越古墳は野古墳群では最大の前方後円墳で、三段築成がよくわかる古墳の一つである。

できれば次にここから東にみえる南屋敷西古墳の見学を薦めたい。この古墳はさらに南に位置する城塚古墳と同様、くびれ部が極端に低くかつ急峻な後円部をもつ。これが野古墳群の墳丘の特徴の一つでもある。はじめてみる人は、前期古墳と見間違えるくらいである。

野古墳群は須恵質の埴輪や須恵器などを参考に、登越古墳、南屋敷西古墳、城塚古墳の順に築造されたと考えられ、さらにその間にも、モタレ古墳、不動塚古墳などの中型墳が併行して築かれたと考えられる「複数系譜型古墳群」と理解されている。

現存する古墳以外にも、江戸時代の絵図や字絵図から多数の古墳の存在を想定でき、これまでに行われている範囲確認調査や地中レーダ探査によって確かめられている。こうした古墳群全体の姿をイメージしながら見学してほしい。

これまでに墳丘調査が行われている古墳は南屋敷西古墳と七号墳、不動塚古墳と少なく、また、周濠の調査でも登越古墳や城塚古墳、モタレ古墳とわずかである。唯一埋葬施設が調査されたのは

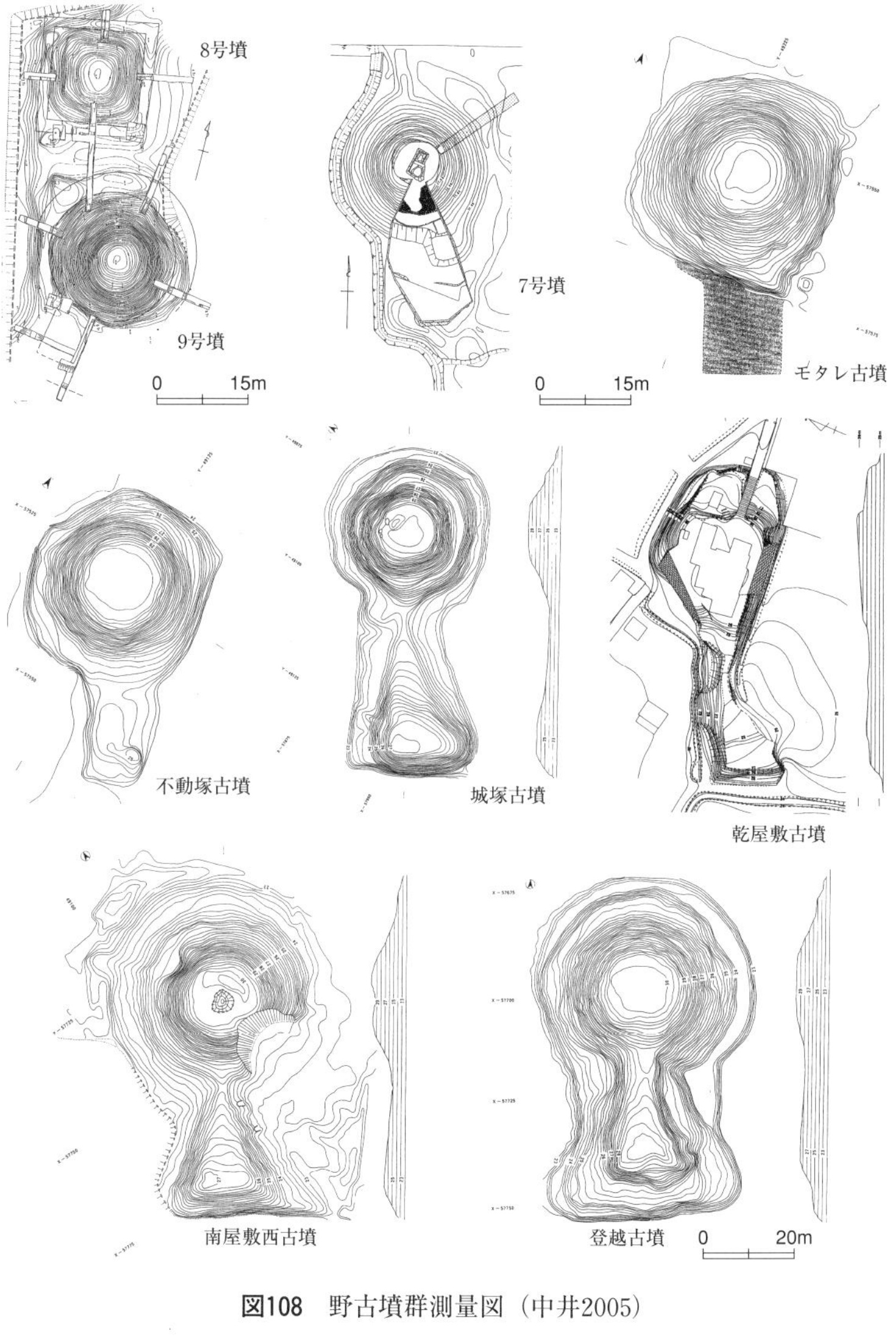

図108　野古墳群測量図（中井2005）

七号墳で、五世紀後半の竪穴式石室が検出されている。

野古墳群から出土している埴輪は、町民センターの東にある民俗資料館でみることができる。ここには先に見学した上磯古墳群から出土した鏡や南山遺跡から出土した土器なども展示保管している（見学には大野町教育委員会へ事前連絡が必要）。

ここまでが車を使って約一日で見学できるコースである。さらに余裕のある人は岐阜方面に車を走らせ、長良川水系の遺跡をみてみるのもよいだろう。

X　古墳の保存と都市保全

本書では昼飯大塚古墳の考古学的な成果を中心に記述してきた。現地は今、整備を目の前にして静かに時を待っている状態にあるが、調査と史跡指定そして用地買収を経験したなかで、この一〇数年間は発掘にとどまらず、さまざまな分野とのかかわりが生まれ、そして影響を受けた。

そのいくつかについては本書でも折りに触れて取り上げてきたが、最後に「史跡の保護と現代社会」を考える上でも重要な「景観保全」という視点についての私見を述べて筆をおきたい。

国指定と整備範囲

昼飯大塚古墳の整備事業に着手する段階では、第Ⅱ章でも触れたように、一面に覆われた竹藪の古墳をこれ以上改変させることなく、将来にわたって保存継承されていくことを最大の目的とした。

そのためにもまず「国史跡指定」を目標に、保護すべき範囲を確定する発掘調査を継続的に実施し、その後考古学的考察を加えて調査報告書をまとめあげ、歴史的評価を高める努力を積み重ねてきた。その結果、二〇〇〇年秋に国史跡となり、また市議会においても「昼飯大塚古墳歴史公園整備事業」が承認され、当初の目標とした到達点にたどり着いた。

しかしその一方で、史跡指定地以外の周囲は、すでに市街化区域として都市計画決定されているために、おのずと住宅化がすすみ、保存される古墳は道路と用水路で挟まれた空間のみとなってしまった。

このような古墳の保存と都市計画のはざまにあって、史跡整備の範囲が限定的にならざるを得なかったのは、公有化するための事業費とのかかわりが少なからず影響したことも事実である。

史跡整備と景観形成

ところで、当初古墳としての史跡整備を目指していた私は、限られた事業地で調査で判明した内容をできるだけ反映したいという気持ちが強かった。大王墓にも匹敵する後円部と前方部ともに三段築成という墳丘を再現し、まわりはこの地ではめずらしい地山を深く掘削する周壕を表現する整備構想であった。しかしその構想は、史跡を調査成果にもとづき忠実に復元すればするほど、緑の空間を削ぎ、周壕によって公園としてのオープンスペースが減少するものであった。

そもそも古墳の近所に暮らす人びとは、静かな公園として整備されることをのぞんでおり、このことを契機に私は、史跡整備とは周囲の環境にも充分配慮し、自然と景観に調和する姿がのぞましいのではないかと考えを改めるようになった。

このことはある意味でこの地の地域ビジョンの形成につながることでもあり、都市計画の問題だと痛感した。さらに、その形成にあたっては地域住民との合意が基本にあるべきである。文化財としての史跡整備はおのずと都市計画や都市公園にも通じることだと考えるようになった。

一般に都市計画部といえば、文化財保護部局側からすると、道路やビルを建設する開発部局とみなしがちである。しかし現在は、国土交通省がそうであるように、景観形成のなかに地域の歴史や文化を取り入れようとする傾向が強い。この背景には、長年の努力から活発になりつつある景観の保全問題や建物保全をめぐるさまざまな地域での住民活動があり、各地でのまちづくり運動の影響が大きいともいえる。

　こうした諸情勢を考慮に入れれば、文化財保護と都市計画とは、地域の個性を見直し、それを保護しながら周囲の環境を創造的に保全していこうとする姿勢においてまったく一致しているのである。

文化財保護から都市保全へ

　都市保全あるいは景観創造という言葉が、都市計画のなかにある。

　東京大学の西村幸夫は、「保存」と「保全」の違いについて、保存が「現状のまま、あるいは必要な場合にかぎり同様の素材を用いて最低限の構造補強を行って、凍結的な維持」をするものであるのに対し、保全とは「建造物・都市構造の歴史的価値を尊重し、機能を保持しつつ現代に適合するように、再生・強化・改善を含めた行為」だと説明する。

　また、景観計画を策定する場合、都市計画では地域の歴史や文化あるいは生活状況を、現在の地形などに沿って調べることからはじめている。このことからも理解できるように、地域の個性を景観形成に活用するため、都市計画の立案プロセスには、考古学や民俗学の調査やその成果が欠かせない情報となっているし、それらに期待もかかっているのである。

都市保全につながる考古学研究

　現在、埋蔵文化財行政だけではなく、文化財保護行政全般の方

図109　現在の昼飯大塚古墳（左半分）と築造当時のイメージ（右半分）
実際の整備構想はこの図とは異なる。

向性が、さまざまなところで問われている。私はこのことを新しい局面を迎えているシグナルだとみている。

そして今こそこれを逆手に取って、「まちづくり計画」や「景観計画」のなかで、史跡整備や文化財保護を大いに活かすチャンスだと思っている。史跡がないところでも、地域特有の歴史や文化を活かす努力とアイデアが求められているのである。

その一方で、多くの埋蔵文化財担当者が考古学研究者であることを考えると、考古学研究にも今後新たな視座が必要だと感じている。それは遺跡や遺構・遺物を対象に論じる現行の研究以外にも、都市計画などとの協働に見合う新たな研究分野の確立があってもよいと考えているからである。

文化財とその保護が、あるいは史跡の発掘調査と整備が、着実に都市やまちの景観形成に一役担っているのであれば、こういった分野の研究があってしかるべきである。

文化財保護と都市計画との新たな土俵づくりのプロセスが、文化財保護と都市保全の思考的枠組の論理的なバックアップにつながる研究と信じて、それに向かってこの事業を進めていきたい。

昼飯大塚古墳見学ガイド

【住　　所】
岐阜県大垣市昼飯町字大塚
【交　　通】
○ JR 美濃赤坂駅から徒歩25分。
○ JR 大垣駅南口から近鉄バス「赤坂総合センター行」乗車、終点下車、徒歩 3 分。
○名神高速道路大垣 IC から国道258号線、21号線、417号線経由で13km。
○名神高速道路関ヶ原 IC から県道赤坂垂井線経由で11km。
【問い合せ】
大垣市教育委員会文化振興課　電話0584－81－4111
【ホームページ】
http://www.city.ogaki.lg.jp/kofun/index.htm

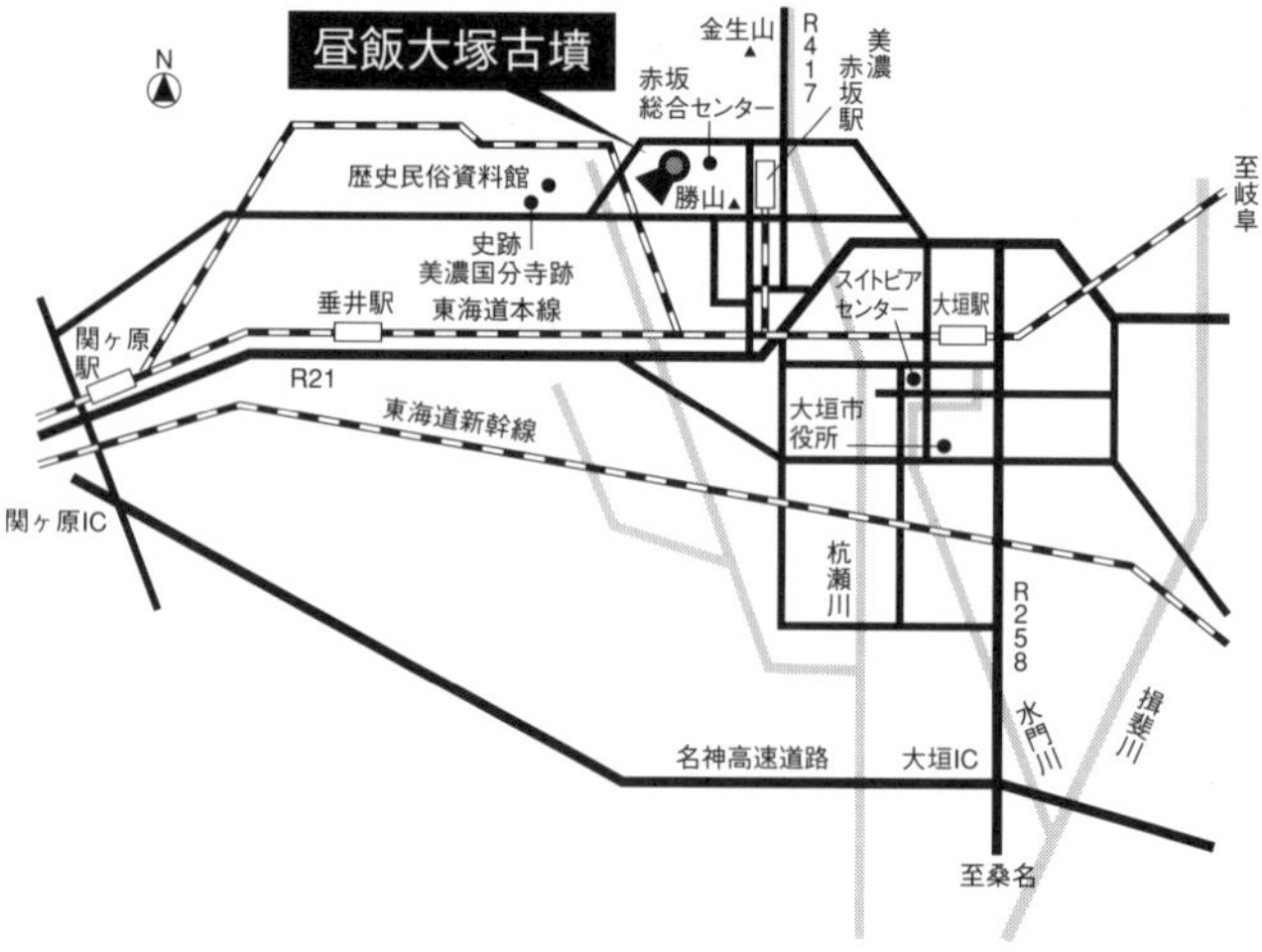

参考文献

足立和成・中條利一郎・西村 康編 一九九九『文化財探査の手法とその実際』真陽社

宇野隆夫ほか編 一九九七〜一九九九『象鼻山一号古墳』養老町埋蔵文化財調査報告書第一〜三集 養老町教育委員会・富山大学人文学部考古学研究室

亀井宏行「掘らずに探る考古遺跡—発掘をサポートする遺跡探査技術」『画像ラボ』第一四巻第五号 日本工業出版

大垣市教育委員会 一九八八『大垣の古墳』

大垣市教育委員会 一九八八『大垣の古代史を歩く』

大垣市教育委員会 一九九六『昼飯大塚古墳Ⅰ 平成六年度』大垣市文化財調査報告書第二八集

大垣市教育委員会 一九九七『昼飯大塚古墳Ⅱ 平成七年度』大垣市文化財調査報告書第二九集

大垣市教育委員会 一九九七『昼飯大塚古墳Ⅲ 平成八年度』大垣市文化財調査報告書第三一集

大垣市教育委員会 一九九七『大垣市遺跡詳細分布調査報告書—解説編』大垣市文化財調査報告書第五集

大垣市教育委員会 一九九八『昼飯大塚古墳Ⅳ 平成九年度』大垣市文化財調査報告書第三三集

大垣市教育委員会 一九九九『昼飯大塚古墳Ⅴ 平成一〇年度』大垣市文化財調査報告書第三五集

大垣市教育委員会 二〇〇〇『昼飯大塚古墳Ⅵ 平成一一年度』大垣市文化財調査報告書第三七集

大垣市教育委員会 二〇〇一『第二回大垣歴史フォーラム 昼飯大塚古墳登場の背景を探る』

小川栄一 一九三一「美濃国前方後円墳」『美濃国古墳群図譜』岐阜師範学校郷土研究資料第一号 岐阜師範学校

加古川市教育委員会 一九九七『行者塚古墳発掘調査概要』加古川市文化財調査報告一五

鐘方正樹・角南聡一郎　一九九七　「籠目土器と笊形土器」『奈良市埋蔵文化財調査センター紀要』　奈良市教育委員会
白石太一郎　二〇〇一　「昼飯大塚古墳の語るもの」『第二回大垣歴史フォーラム―昼飯大塚古墳の登場とその背景を探る』　大垣市教育委員会
白石太一郎　二〇〇三　「考古学からみた聖俗二重首長制」『国立歴史民俗博物館研究報告』　第一〇八集　国立歴史民俗博物館
鈴木一有　二〇〇二　「捩りと渦巻き」『考古学文集―東海の路』　東海の路刊行会
鈴木　元編　二〇〇四　『東町田遺跡』　大垣市埋蔵文化財調査報告書第一四集　大垣市教育委員会
鈴木　元編　二〇〇六　『矢道長塚古墳Ⅱ』　大垣市埋蔵文化財調査報告書第一六集　大垣市教育委員会
高田康成編　二〇〇三　『大垣の古墳時代』　大垣市教育委員会
高橋克壽　一九九四　「埴輪生産の展開」『考古学研究』　第四一巻第二号　考古学研究会
東海古墳文化研究会　一九八八　「岐阜県西濃地方の前方後（円）方墳の測量調査」『古代』　第八六号　早稲田大学考古学会
中井正幸編　一九九二　『粉糠山古墳』　大垣市埋蔵文化財調査報告書第二集　大垣市教育委員会
中井正幸編　一九九三　『長塚古墳』　大垣市埋蔵文化財調査報告書第三集　大垣市教育委員会
中井正幸・阪口英毅・林正憲・東方仁史編　二〇〇三　『史跡昼飯大塚古墳』　大垣市埋蔵文化財調査報告書第一二集　大垣市教育委員会
中井正幸　二〇〇五　「昼飯大塚古墳における史跡整備の取り組み」『遺跡学研究』　第二号　日本遺跡学会
中井正幸　二〇〇五　『東海古墳文化の研究』　雄山閣
中井正幸・岩本　崇ほか　二〇〇六　「史跡昼飯大塚古墳（第八次調査）」『大垣市埋蔵文化財調査概要―平成一六年度』　大垣市文化財調査報告書第四三集　大垣市教育委員会

中井正幸・村田　陽ほか　二〇〇七　「史跡昼飯大塚古墳（第九次調査）」『大垣市埋蔵文化財調査概要―平成一七年度』大垣市文化財調査報告書第四四集　大垣市教育委員会
中島和哉編　二〇〇七　『養老町遺跡詳細分布調査報告書』養老町埋蔵文化財調査報告書第四集　養老町教育委員会
楢崎彰一・八賀　晋　一九六〇　『牧田地区遺跡発掘調査報告書』岐阜県文化財調査報告書第一号　岐阜県教育委員会
楢崎彰一　一九七二　「古墳時代」『岐阜県史』通史編原始　岐阜県
楢崎彰一・平出紀男　一九七七　『花岡山古墳発掘調査報告』大垣市教育委員会
楢崎彰一・荻野繁春　一九八〇　『昼飯大塚古墳範囲確認調査報告』大垣市教育委員会
西村　康　二〇〇一　『遺跡の探査』日本の美術七　四二二号　至文堂
西村幸夫　一九九七　『環境保全と景観創造』鹿島出版社
西村幸夫　二〇〇〇　『都市論ノート』鹿島出版社
西村幸夫　二〇〇三　『日本の風景計画』学芸出版社
西村幸夫　二〇〇四　『都市保全計画』東京大学出版社
八賀　晋　一九九三　「「不破道を塞ぐ」考」『論苑―考古学』天山舎
八賀　晋編　二〇〇一　『美濃・飛騨の古墳とその社会』同成社
東方仁史　二〇〇三　「大型古墳における埴輪構成の実態―昼飯大塚古墳の事例から」第一回考古学研究会東海例会発表要旨
福永伸哉　二〇〇五　『三角縁神獣鏡の研究』大阪大学出版会
藤井治左衛門　一九二五　「大塚古墳」『岐阜縣史蹟名勝天然記念物調査報告書』第二回　岐阜県内務部
藤井治左衛門　一九二六　「不破郡の古墳」『不破郡史』不破郡教育会

藤井治左衛門　一九二九「岐阜縣不破郡青墓村大字矢道長塚古墳」『考古学雑誌』第一九巻第六号・第七号・第九号　考古学会
藤井治左衛門　一九三〇『長塚古墳写真帖』
藤井治左衛門　一九七七『大垣市史』青墓編　大垣市
古谷　毅編　二〇〇三『埴輪工人の移動からみた古墳時代前半期における技術交流の政治史的研究』東京国立博物館
美濃古墳文化研究会編　一九九〇『美濃の前期古墳』教育出版文化協会
宮崎雅充　二〇〇三「三棺合葬の出現とその背景―熊野本一九号墳の調査成果を中心に」『北近江』創刊号　北近江古代史研究会
森下章司　二〇〇五「器物の生産・授受・保有形態と王権」『国家形成の比較研究』京都大学人文科学研究所共同研究報告　学生社
横幕大祐編　一九九九『願成寺西墳之越古墳群資料調査報告書』池田町教育委員会

あとがき

昼飯大塚古墳の調査とその整備に関わるようになって、はや一三年にもなる。当時は一〇年かかりますね、と話していたことがさらに長くなっていることに、驚きと事業の難しさを痛感している。この執筆を終えた時点でも、まだ土地の公有化と整備のための発掘調査を残し、整備工事は調査報告書をまとめなければ着手できない。先はまだ遠く長い。

しかし、一〇数年という歳月のなか、一つの事業で発掘調査から史跡指定、そして用地買収や史跡整備と学んだことは多い。先述したように史跡整備は教育委員会だけで実現できるものではなく、関係機関や関連部局との連携がつきまとう幅広い事業である。「粘り強く地道な行動」が史跡整備の原点だと思う。とはいっても、これだけの事業を担当するということは、タイミングや環境・体制が整っていなければできないことなので、それを考えれば幸運な文化財担当者なのかもしれない。

ところで、本書の内容はひとえに、これまで長年にわたり発掘調査をともにした学生諸君や作業員の方々の努力による成果を凝縮したものである。さらに、これまでこの事業を継続できたのは、地道な用地交渉をはじめ財政折衝にあたっていただいた水井静雄、渡邊慎仁、石田和夫、三輪寛各氏の歴代文化財係長のおかげである。また、日頃開発と埋蔵文化財をめぐる調整にあたっている同僚の鈴木元、高田康成両名の援助がなければ、昼飯大塚古墳の事業に専念できなかったと思う。心より感謝したい。

当初、原稿は二〇〇五年に脱稿する予定にあったが、二〇〇六年三月二十七日施行の上石津町と墨俣町との合併の業務が進むなか、筆が止まってしまった。この間、編集部の工藤龍平氏には辛抱強く待っていただいた。また、校正段階になって福永伸哉氏には改めて古墳の歴史的解釈などについてご教示を得、阪口英毅氏と渡辺令子さんには全体を通読してもらい、修正することができたことに感謝の意を表したい。

願わくば、本書を手にされた方々が、これまで以上に昼飯大塚古墳を訪れ、この地の歴史的風土を味わいながら、おのおの古墳像をイメージしていただくことができれば望外の喜びである。古代史の舞台となった「青野原」をゆっくり散策される方々が、今後一層増えることを願ってやまない。私たちの原動力はこうした方々にあるのである。

最後になりましたが、「昼飯大塚古墳歴史公園整備事業」のPRともなりうる本書の執筆を薦めてくださいました文化庁記念物課坂井秀弥主任調査官と禰宜田佳男調査官にお礼を申し上げげます。

二〇〇七年三月二日

中井正幸

菊池徹夫
坂井秀弥　企画・監修「日本の遺跡」

21　昼飯大塚古墳《ひるいおおつかこふん》

■著者略歴■

中井正幸（なかい・まさゆき）

1961年　岐阜県生まれ

名古屋大学大学院文学研究科（考古学専攻）修了。文学博士

現在、岐阜県大垣市教育委員会文化振興課課長補佐

主要論文等

『東海古墳文化の研究』雄山閣、2005年

「昼飯大塚古墳における史跡整備の取り組み」『遺跡学研究』第2号、日本遺跡学会、2005年

2007年5月10日発行

著　者　中井《なかい》　正幸《まさゆき》

発行者　山脇　洋亮

印刷者　亜細亜印刷㈱

発行所　東京都千代田区飯田橋 4-4-8　東京中央ビル内　（株）同成社

TEL 03-3239-1467　振替 00140-0-20618

ISBN978-4-88621-389-1 C3321

シリーズ

日本の遺跡

菊池徹夫・坂井秀弥　企画・監修

四六判・定価各一八九〇円

【既刊】

①西都原古墳群　南九州屈指の大古墳群　北郷泰道
②吉野ヶ里遺跡　復元された弥生大集落　七田忠昭
③虎塚古墳　関東の彩色壁画古墳　鴨志田篤二
④六郷山と田染荘遺跡　九州国東の寺院と荘園遺跡　櫻井成昭
⑤瀬戸窯跡群　歴史を刻む日本の代表的窯跡群　藤澤良祐
⑥宇治遺跡群　藤原氏が残した平安王朝遺跡　杉本　宏
⑦今城塚と三島古墳群　摂津・淀川北岸の真の継体陵　森田克行
⑧加茂遺跡　大型建物をもつ畿内の弥生大集落　岡野慶隆

⑨伊勢斎宮跡　今に蘇る斎王の宮殿　泉　雄二
⑩白河郡衙遺跡群　古代東国行政の一大中心地　鈴木　功
⑪山陽道駅家跡　西日本を支えた古代の道と駅　岸本道昭
⑫秋田城跡　最北の古代城柵　伊藤武士
⑬常呂遺跡群　先史オホーツク沿岸の大遺跡群　武田　修
⑭両宮山古墳　二重濠をもつ吉備の首長墓　宇垣匡雅
⑮奥山荘城館遺跡　中世越後の荘園と館群　水澤幸一
⑯妻木晩田遺跡　甦る山陰弥生集落の大景観　高田健一

⑰宮畑遺跡　南東北の縄文大集落　斎藤義弘
⑱王塚・千坊山遺跡群　富山平野の弥生墳丘墓と古墳群　大野英子
⑲根城跡　陸奥の戦国大名南部氏の本拠地　佐々木浩一
⑳日根荘遺跡　和泉に残る中世荘園の景観　鈴木陽一
㉑昼飯大塚古墳　美濃最大の前方後円墳　中井正幸

【続刊】

大知波峠廃寺跡　三河・遠江の古代山林寺院　後藤健一